FLAVIO INSINNA

Die Katze des Papstes

FLAVIO INSINNA

Die Katze des Papstes

Eine zeitlose Geschichte über die Kraft der inneren Stimme

Aus dem Italienischen von Elisabeth Liebl

Mit Illustrationen von Irene Rinaldi

KÖSEL

Die Originalausgabe erschien 2021 unter dem Titel *Il gatto del Papa. Una piccola favola senza tempo* bei Rai Libri, Italien.

Rai Libri
Via Umberto Novaro, 18 – 00195 Roma – Italy

FSC www.fsc.org
MIX
Papier | Fördert gute Waldnutzung
FSC® C014889

Klimaneutral
Druckprodukt
ClimatePartner.com/14044-1912-1001

Penguin Random House Verlagsgruppe FSC® N001967

in der Penguin Random House Verlagsgruppe GmbH,
Neumarkter Str. 28, 81673 München
Umschlag: zero-media.net, München
Umschlagmotiv: Irene Rinaldi
Satz: Satzwerk Huber, Germering
Druck und Bindung: Friedrich Pustet GmbH & Co. KG, Regensburg
Printed in Germany
ISBN 978-3-466-37304-8
www.koesel.de

Für Fortunella

Armut ist nicht die Frucht des Schicksals,
sondern die Folge von Egoismus. Es gibt vielerlei
Armseligkeiten der Reichen, die vom Reichtum
der Armen geheilt werden könnten.

Papst Franziskus

Wenn einer von uns, irgendein menschliches Wesen,
in diesem Augenblick buchstäblich leidet wie ein Hund,
wenn er krank ist oder hungert, dann geht uns das
alle an. Es muss uns alle angehen, denn über das Leiden
auch nur eines Menschen hinwegzusehen ist
ein Akt der Gewalt, und zwar einer der feigsten.

Gino Strada

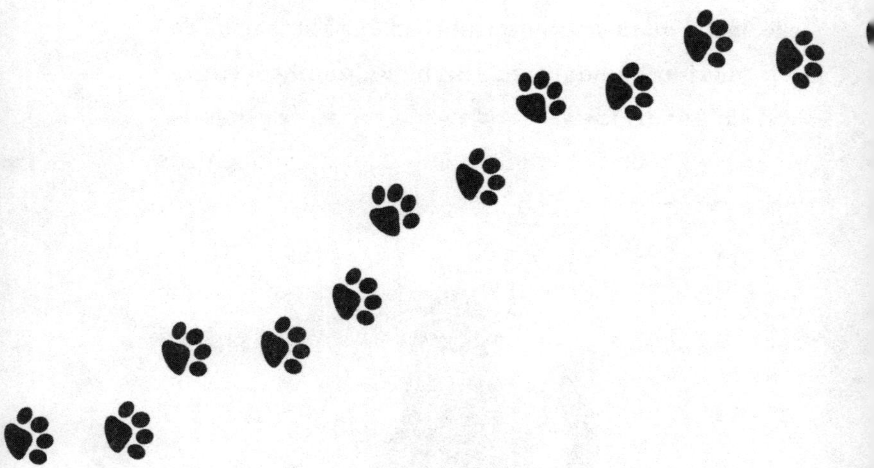

Dürfte ich euch vielleicht um einen kleinen Gefallen bitten?

Ich weiß, Märchen beginnen gewöhnlich mit einem »Es war einmal …« Und da ihr mir ja ohnehin ein bisschen von eurer Zeit schenkt, ist es ja nachgerade unverschämt, noch mehr von euch zu verlangen.

Aber glaubt mir, ich tue das nur um euretwillen.

Lest diese Geschichte nicht »in einem Rutsch« durch. Voll Hast und Eile, wenn euch noch die Hektik vom Feierabendverkehr, euren Meetings oder euren diversen Verpflichtungen im Nacken sitzt. »Ach Gott! Ich muss unbedingt noch in die Reinigung!« Und so weiter, und so fort.

Streckt euch lieber ein wenig der Länge nach aus, wie Katzen es tun. Schließt die Augen wie sie, wenn sie sich genüsslich der streichelnden Hand hingeben oder der zärtlichen Berührung durch die Sonne. Dann nämlich lächeln Katzen zufrieden. Sie genießen den Augenblick. Reckt und streckt ihr euch schon? Habt ihr die Augen zugemacht? Ich hoffe es.

Und wenn ihr jetzt nicht in einen wohlverdienten Schlummer versunken seid, können wir ja anfangen.

1

Es war ein angenehmer Frühlingsabend. Ein leiser Wind strich über die Dächer und trug den Duft von Pinien, Rosen und Gardenien mit sich.

Die Schwalben waren zurückgekehrt. Zum Glück tun sie das immer. Sie hatten sich gleich da ein Nest gebaut, genau zwischen den beiden Säulen, ein wenig abseits, sodass niemand sie störte.

Solltet ihr hingegen die klassische »stürmische Nacht« vorziehen, dann ist auch das in Ordnung: Der Regen, der über den menschenleeren Platz fegt. Ein aufgespannter Schirm, der schnell davoneilt. Keine Schwalben, nur eine Taube, die Unterschlupf sucht und noch geschwind die Krümel aufpickt, die ihr einer der Wachmänner heimlich hingestreut hat.

Es war jedenfalls wirklich spät, keine Menschenseele unterwegs. Nur der Wachposten, der das Gittertor im Auge behielt, das den majestätischen Platz abschloss. Auch er tief versunken in seine Gedanken.

Die Dunkelheit hatte sich mittlerweile über die

ganze Stadt gelegt. Nur ganz hoch oben leuchtete das helle Viereck eines Fensters, hinter dem ein Mann wachte. Alt, müde, in ein langes weißes Gewand gehüllt. Sein Haar ebenso weiß wie sein Gewand, nur seine Augen funkelten lebhaft grün. Strahlend, wenn auch ein klein wenig traurig.

Auf der anderen Seite der Scheibe noch ein Augenpaar, das diese Szene interessiert verfolgte. Der Mann in Weiß hatte sich auf einen Sessel niedergelassen und war sogleich umringt von mehreren Personen, die sehr ernst dreinschauten, während sie allseits eine rege Geschäftigkeit entfalteten.

Ein bebrillter Herr mit Anzug und Krawatte untersuchte den Mann in Weiß, der davon offensichtlich wenig begeistert war. Das Aufheben, das man um ihn machte, schien ihm zu missfallen, aber er ließ es sanftmütig über sich ergehen, als könne er dagegen ohnehin nichts machen. Was eigenartig war, denn er schien eine wichtige Persönlichkeit zu sein. Vermutlich hätte ein Wort genügt, und all diese Leute hätten ihn in Ruhe lassen müssen. Aber offensichtlich wollte er nicht aufbegehren.

Drei nicht mehr ganz junge Männer in tadellosen Anzügen standen in einer Ecke des Raumes und diskutierten aufgeregt. Sie hielten Mappen in den Händen, aus denen sie Papiere hervorzogen, die sie untereinander hin und her reichten. Ganz hinten waren zwei Frauen mit weißem Schleier zu sehen. Sie hantierten mit Flaschen, Gläsern und Tellern und schoben Medizinfläschchen auf einem Tablett herum.

Der Mann in Weiß hatte das Abendessen nicht angerührt, nur ein Glas Wasser getrunken und dazu ein Stückchen Brot gegessen. Zu den vielen Tabletten, die er nehmen musste.

»Tief ein- und ausatmen«, sagte jetzt der Arzt mit der Brille. »Noch einmal, bitte.«

Kraftlos gehorchte der Mann in Weiß.

»Und nun noch einmal husten.«

Als das merkwürdige Ritual vorüber war, zog der Mann eine Manschette hervor. An ihr baumelte ein Schlauch, der mit etwas Rundem verbunden war, auf dem ein Zeiger auf und ab tänzelte. Er streifte dem alten Mann die Manschette über. Auch das ließ er ohne Murren über sich ergehen.

Hinter dem Mann in Weiß stand reglos eine magere, hochgewachsene Gestalt in einer schwarzen Tunika mit roten Säumen. Dieser Mann schien alles zu überwachen. Auch er trug eine Brille, hinter deren runden Gläsern sich die Augen zu Schlitzen verengt hatten. Er registrierte jedes Wort und jede Geste, als wolle er um jeden Preis vermeiden, dass ihm irgendetwas entging. Dann aber entschied er, dass es für heute wohl genug sei.

»Danke, das reicht jetzt. Seine Heiligkeit ist sehr müde und muss jetzt ruhen. Vielen Dank Ihnen allen.« Seine Stimme war sehr dünn, aber sein Tonfall ließ keinen Widerspruch zu.

Die Anwesenden sammelten ihre Papiere, Instrumente und Tabletts ein, neigten respektvoll das Haupt und zogen sich zurück.

Seine Heiligkeit (Der Mann in Weiß, der so müde und krank aussah, war also der Papst!) dankte dem Kammerdiener, der diese allabendliche Tortur abgekürzt hatte. Er hatte es so satt, täglich unter Beobachtung zu stehen wie ein Goldfisch im Glas. Morgens, nachmittags und abends immer dieses: »Wie fühlt Ihr Euch? Habt Ihr gegessen? Habt Ihr den Sirup eingenommen? Ihr habt doch wohl nicht wieder die grünen Tabletten vergessen?«

Lasst mich endlich in Frieden! Ist es denn ein Verbrechen, alt zu sein? Muss ich deswegen Schuldgefühle haben? Das hätte er am liebsten allen entgegengeschrien, aber am Ende beließ er es beim Denken.

»Eure Heiligkeit, bitte vergesst nicht: vor dem Schlafengehen eine grüne und eine rosarote Tablette.

Ihr habt ja gehört, was der Herr Professor gesagt hat. Und Ihr müsst wirklich etwas essen. Der Fisch heute Abend war ganz ausgezeichnet. Ihr habt ihn noch nicht mal angesehen!«

Die beiden Augen, die von außen ins Zimmer blickten, funkelten plötzlich. »Dann stimmt es also: Der eine hat Zähne und kein Brot, der andere Brot und keine Zähne.«

»Ihr müsst besser auf Euch achtgeben. Ihr ermüdet viel zu schnell. Ich werde das mit Eurem Sekretär klären. Sicher lassen sich einige Eurer Termine streichen.«

Das Alter, die Wehwehchen, das Herz, das auch schon mal lebendiger schlug ... Wäre es nach ihm gegangen, hätte er alles einfach so hingenommen, wie es war. Aber die Menschen um ihn herum fingen immer wieder davon an.

»Gute Nacht, Eure Heiligkeit. Und bitte vergesst die Tabletten nicht. Gebete und Medikamente. Gebete und Medikamente.«

Still wie ein Schatten huschte der Kammerdiener hinaus. Kaum war er fort, wand sich die riesige schwarze Katze, die die Szene von draußen beobachtet hatte, durchs Fenster herein.

2

»Halleluja, endlich Frieden!«, flüsterte der Papst. Er machte es sich bequem und versuchte zu lesen, wie es seine Gewohnheit war. Er nahm immer Zuflucht zur Literatur, und sei es nur für ein paar Minuten. Nur dass er sich diesmal irgendwie … beobachtet fühlte.

Niemand hätte sich je erlaubt, ohne seine Erlaubnis in den päpstlichen Räumen zu verweilen. Aber irgendetwas war da. Was ihn weiter nicht störte, nur einfach neugierig machte.

»Ciao!«

Der Papst fuhr herum und richtete den Blick auf die Fensterbank.

Zwischen den beiden riesigen silbernen Leuchtern, die auf dem Marmorsims standen, saß eine schwarze Katze, die ihn fixierte. Wie eine Nippesfigur.

Der Papst war verdutzt, um es gelinde auszudrücken. Er richtete seinen Blick wieder auf das Buch, das er in Händen hielt, und versuchte zu lesen. Dann aber hob er erneut den Blick.

Die Katze war immer noch da.

Vollkommen reglos.

»Das war wohl ein Geschenk«, dachte der Papst. »Man hat mir eine Katzenstatue geschenkt. Aber warum hat mir niemand etwas davon gesagt? Das ist doch unmöglich. Aber wer hat dann *Ciao* gesagt? Vielleicht war es aber auch ein einfaches *Miao*?«

Wollte ihn nach dem Herz nun auch noch der Kopf im Stich lassen?

Dann aber lösten sich alle Fragen und Zweifel in Überraschung auf. Die Katze tat einen Satz nach vorn, landete elegant vor den Füßen des Papstes und sagte: »Hat man dir denn kein Benehmen beigebracht? Wenn man gegrüßt wird, dann grüßt man zurück.«

Die einzige Reaktion des Papstes war ein lautes Niesen. Kaum war es durch den Raum geklungen, als auch schon die Tür aufging.

»Eure Heiligkeit, geht es Euch gut?«, wollte der Kammerdiener wissen. Er hatte wohl gleich hinter der Tür Wache gehalten.

»Ja, ja, alles in bester Ordnung, vielen Dank. Es ist nur meine Allergie«, antwortete der Papst, weil er den Mann schleunigst loswerden wollte.

»Ah ja, der Staub. Gleich morgen werde ich Eure Räume gründlich reinigen lassen. Aber wir müssen auch eine eingehende medizinische Untersuchung ansetzen. Gute Nacht, Eure Heiligkeit.«

Kaum war der übereifrige Prälat verschwunden, drehte der Papst sich um. Ganz langsam. Er schloss die Augen und riss sie gleich wieder auf. Nichts zu machen, die Katze war immer noch da. Hätte der Kammerdiener sie gesehen, hätte er vermutlich die Wachen gerufen, vielleicht sogar die Polizei. Von wegen Staub ... Eine Katze, noch dazu pechschwarz, in den Räumen des Papstes! »Tiere übertragen ja so viele Krankheiten«, hätte er vermutlich gesagt.

Papst und Katze sahen sich an. Mit gebührendem Abstand, um möglichen Ärger zu vermeiden. Plötzlich fuhr ein Windstoß herein, blähte die karmesinroten Vorhänge auf und spielte mit dem weißen Schopf des Papstes.

»Das Fenster! Es war vorher geschlossen!«, rief der Papst aus, als wäre er plötzlich aus einem Tagtraum erwacht.

»Magst du die frische Luft nicht?«, fragte die Katze.

Der Papst konnte es immer noch nicht fassen. Vielleicht war er über dem Buch eingeschlafen und alles, was er jetzt erlebte, war ein Traum? Vor seinen Augen drehte sich alles. Vermutlich hatten die Ärzte recht und es stand schlimmer um ihn, als alle gedacht hatten. Er musste jetzt unbedingt ruhig bleiben. Während der Untersuchung hatte einer der Ärzte das Fenster geschlossen. Das wusste er noch genau. Er hatte nicht protestiert, um der Woge guter Ratschläge zu entgehen: »Eure Heiligkeit, Ihr wollt Euch doch wohl keinen Schnupfen holen? Die schlimmsten Erkältungen sind die, die man sich außerhalb der Wintersaison einfängt. Das hätte gerade noch gefehlt!«

Aber jetzt stand das Fenster weit offen. Der Wind spielte mit den edlen, eleganten Vorhängen, und vor ihm saß diese Katze, dieser große schwarze Kater.

Der sprechen konnte.

Der Papst versuchte zu lächeln. »Doch, ich mag die frische Luft. Es ist nur … ich war mir sicher, dass einer der Ärzte das Fenster zugemacht hat.«

Der Kater gab dem Gespräch entschlossen eine andere Wendung. »Nun ja, offen oder geschlossen, zu oder auf, so wie ich das sehe, ist das Fenster das geringste deiner Probleme.«

Der Papst hörte ihm aufmerksam zu, blieb aber trotzdem auf Distanz.

»Ich will dir ja nicht zu nahe treten«, fuhr der Kater fort. »Aber nach der Armada von Ärzten zu urteilen, die sich um dich kümmern, muss es dir ja wirklich schlecht gehen. Und vermutlich bist du auch eine wichtige Persönlichkeit. Das sieht sogar ein Blinder.«

Konnte es sein, dass eine Katze den Papst zum Erröten brachte?

»Wichtig, ich? Ich weiß nicht. Ich weiß nur, dass … Nun ja, ich …«

»Bitte, bitte, lass dir ruhig Zeit mit der Antwort«, schmunzelte der Kater.

»Also, Tatsache ist … ich bin nämlich … also, ich wäre … der Papst.«

»Du wärst oder du bist?«

»Doch ja, ich bin der Papst.«

»Der Papst.«

»Oder, wenn es dir lieber ist, der Pontifex. Oder der Heilige Vater.«

»Vater von wem?«

»Von allen. Zumindest stelle ich mir das gerne so vor. Ich bin ein Hirte«, fügte er hinzu. »Und ich habe die Verantwortung für meine Herde.«

»Hm. Ganz schön anstrengend, so ein Job. Vor allem, nimm's mir bitte nicht übel, in deinem Alter. So über Berg und Tal …«

»Meine Herde besteht aus Frauen, Männern und Kindern. Den Menschen eben. Und wie jeder gewissenhafte Hirte versuche ich, sie zu beschützen.«

»Aha.« Der Kater überlegte einen Moment. »Darf ich dich was fragen? Wenn du nicht so gesund bist, wieso gehst du nicht einfach in den Ruhestand?«

Das Lachen des Papstes schallte durch den Raum, wie es jedes Lachen tut, das von Herzen kommt. Glücklicherweise klopfte nicht gleich wieder der Kammerdiener. Der Papst, immer noch lächelnd, hatte also Gelegenheit zu antworten. »Was ich mache, ist keine Arbeit … es ist vielmehr eine Berufung. Da gibt es keinen Ruhestand, weißt du? Diese Aufgabe werde ich ausfüllen, bis …«

»Bis wann?«

An diesem Punkt schlich sich ein Hauch Melancholie in die Stimme des Papstes. »Bis ich heimkehre ins Haus des Vaters. Und mit dem schwachen Herzen, das ich habe, wird das wohl bald geschehen.«

Der Kater achtete nicht auf den ernsten Ton. Er lachte kurz auf, während in seinen Augen der Schalk aufblitzte. »Du glaubst wirklich, dass es das Herz ist, das dir Probleme macht?«

Das nun verstand der Papst nicht.

»Ich möchte dich ja nur darauf aufmerksam machen, dass du seit einer Viertelstunde Konversation mit einer Katze machst. Nämlich mit mir.«

Der Papst wusste nicht, was er darauf noch antworten sollte. Also sagte er nur: »Also lässt mich nicht nur das Herz im Stich, sondern auch der Kopf.«

»Wenn ich du wäre«, stieß der Kater nach, »würde ich eher das Gegenteil annehmen. Aber ich erklär's dir. Pass auf. Du redest, ich rede, aber darum geht es gar nicht. Du kannst etwas, was zu den schwierigsten Dingen überhaupt gehört: Du kannst zuhören. Und die Tatsache, dass du trotz allem – deinem schwachen Herzen, den Ärzten, den Tabletten und der Müdigkeit, dem komischen Kerl, der dir immer sagt, was du tun sollst, und dem köstlichen Fisch, den du nicht essen magst - dass du trotz all dem meine Stimme hören kannst, ist ein gutes Zeichen.«

Im Kopf des Papstes drehte sich alles wie bei einem Kind, das Karussell fährt. Er schloss die Augen, nahm die Brille ab und rieb sich die müden Lider. Er seufzte einmal, zweimal, dann öffnete er die Augen wieder.

Und sah sich um.

Die Katze war fort.

Und das große Fenster war zu.

3

Schwarze Nacht. Stockfinster. Genauso wie Katzen es mögen. Der Mond stand als scharfe Sichel am Himmel, doch waren kaum Sterne zu sehen, obwohl keine einzige Wolke den Himmel verdunkelte. Auf dem Pflaster spiegelte sich das Licht der Straßenlampen, kleine, helle Tupfen im Schwarz. Darüber eine grenzenlose Stille. Selbst der Fluss floss lautlos dahin.

Der Kater marschierte auf die Brücke zu, die er am Ende der Straße gesehen hatte. Er hatte den riesigen, runden Platz hinter sich gelassen, auf den die Fenster des Papstzimmers schauten. Nur die Schwalben zwischen den Kapitellen hatten bemerkt, wie er im Dunkeln verschwand.

Da ihn niemand erwartete, ließ er es ruhig angehen. Sein eleganter Schritt passte zum sanften Rhythmus seiner Gedanken. Er hatte den Papst kennengelernt, einen sympathischen Menschen, auch wenn er gegen Katzenhaare allergisch war. Er hatte so viele Menschen zu hüten, aber vielleicht war er zu krank, um das wirklich tun zu können. Und dann noch mit diesem aufdringlichen Berater am Hals …

Mit einem Mal wurde der Kater aus seinen Gedanken gerissen.

»Wer bist du denn? Ich habe dich hier noch nie gesehen.«

Aus einer Seitengasse kam eine bildschöne Tigerkatze auf ihn zu. Ihre grünen, goldgetupften Augen durchdrangen mühelos das Dunkel und richteten sich auf diesen großen schwarzen Kater, der sich noch nicht vorgestellt hatte. Die beiden sahen sich abwartend an. Die Kätzin hatte einen viel zu kurzen Schwanz, aber man weiß ja, dass das Leben auf der Straße nicht leicht ist. Man sah ihr an, dass sie um ihr Leben hatte kämpfen müssen. Trotzdem wirkte sie kein bisschen bedrohlich.

Und der schwarze Kater war keineswegs aus dem Nirgendwo aufgetaucht, um sich dann gleich mit jemandem anzulegen. Also setzte er sein gewinnendstes Lächeln auf.

»Ciao. Du hast ja recht, ich bin nur auf der Durchreise. Ich weiß nicht, wie lange ich bleibe. Das hängt nämlich nicht von mir ab. Gibt es Probleme, wenn ich hier für eine Weile unterschlüpfe?«

Er wollte schließlich nicht aufdringlich sein. Und

die Katzendame fand seine Art sehr angenehm. Auch wenn sie ihn nicht näher kannte, fasste sie auf der Stelle Vertrauen.

»Nein, das ist gar kein Problem. Wir sind hier Reisende gewöhnt, ob nun mit vier Pfoten oder solche mit zwei Beinen. Aber wenn du für eine Weile zu uns gehören willst, musst du unsere Regeln einhalten.«

»Und die wären?«

»Nun, es sind nicht viele und auch nicht besonders schwierige. Hier bei uns wird nicht gestritten, schon gar nicht ums Futter. Was da ist, wird gerecht aufgeteilt, denn wir leben alle unter demselben Himmel oder, wenn dir das besser gefällt, unter derselben Brücke. Wenn einer von uns urplötzlich verschwindet, ohne uns Bescheid zu geben, machen wir uns auf die Suche nach ihm. Schließlich könnte er verletzt sein oder sonst wie Hilfe brauchen. Wenn du also wieder weiterziehst, wäre es angemessen, dass du uns Bescheid gibst. Dann müssen wir uns keine Sorgen machen.«

Der Kater nickte zum Zeichen, dass er einverstanden war.

»Ich bin noch nicht fertig«, erklärte die Tigerin. »Wenn es etwas zu essen gibt, dann bekommen es zuerst die Mütter mit ihren Jungen, die Alten und die

Kranken. Alle Katzen, die noch bei guter Gesundheit sind, durchstöbern die Mülltonnen nach Essbarem. Und jeder hat sein Jagdrevier für Mäuse und Eidechsen. Wenn wir Glück haben, legt ein freundlicher Mensch uns abends ein paar Essensreste raus. Dann essen wir zusammen mit Tauben, Raben und Gästen wie dir. Das ist dann ein Fest für alle. Du weißt ja, wie man sagt: Wo genug ist für zwei, ist auch genug da für drei.«

Der Kater lächelte, schwieg aber weiter. Er wollte die sympathische Katzendame nicht unterbrechen.

»Am Abend treffen wir uns alle auf der Piazza. Dann erzählen unsere alten Weisen den jungen Kätzchen Geschichten, um an sie weiterzugeben, was sie selbst durch langjährige Erfahrung gelernt haben. Und natürlich spielen wir viel! Doch wenn jemand gerne für sich bleibt, dann ist das auch in Ordnung. Und das waren sie schon, unsere Regeln.«

»Das hört sich alles sehr vernünftig an«, meinte der Kater.

»Komm, ich zeige dir alles.« Mit einem Satz war die Hübsche zurück in der Gasse.

Natürlich nahm der Kater die Einladung gerne an. Diesen grün-goldenen Augen etwas abzuschlagen, wäre ihm niemals in den Sinn gekommen. Und die

Regeln dieser Gemeinschaft hatten ihn neugierig gemacht. Ob die Katzen wirklich so lebten?

Er folgte seiner Führerin und bald fand er sich in einer Ecke der Stadt wieder, die recht abgelegen war. Sie hatten den Fluss hinter sich gelassen und sich durch ein Gittertor gedrückt. Ein paar halbverfallene Stufen und siehe da, sie waren angekommen mitten zwischen Ruinen und antiken Säulen, von denen manche aller Vernunft zum Trotz immer noch standen. Andere hatte sich im Gras zur Ruhe gebettet, sodass sie kaum noch zu sehen waren. Die Katzenschar zählte etwa 15 Nasen, die sich alle bereits ihr Plätzchen gesucht hatten – jung, alt, erwachsene Damen, Kater, denen ein Auge fehlte. Es waren alle Farben vertreten. Zwei der Katzen nagten sorgsam kostbare Fischgräten ab. Der Kater musste wieder an das Abendessen des Papstes denken, ein fantastischer Fisch mit Kartoffeln und Gemüse. Und der Mann schenkte dieser Köstlichkeit nicht einen Blick! Pff!

Ein muskulöser Rotpelz beobachtete die Szenerie von oben. Er musterte den Neuankömmling mit abweisender Miene, aber die Tigerkatze, ganz Hausherrin, sprach sofort ein paar klärende Worte. »Wassilji, kein Grund zur Aufregung. Ich habe ihm schon erklärt, wie wir hier leben. Es ist alles in Ordnung.«

Der Rotschopf betrachtete den schwarzen Kater immer noch argwöhnisch, aber er protestierte nicht. Offensichtlich ließ er die Unschuldsvermutung gelten.

»Entschuldige, aber heute hat unser Empfangskomitee frei«, schmunzelte die Tigerin. »Denk dir nichts. Wassilji schätzt Gesellschaft nicht. Aber wir kennen seine Geschichte und verstehen ihn. Er lebte bei einer äußerst netten Ausländerin: immer genug zu essen, ja nachmittags sogar ein Extra-Imbiss. Er hatte ein eigenes besticktes Kissen und durfte ständig faul vor dem offenen Kaminfeuer dösen. Dann aber starb die Dame, und der Sohn kam eiligst von irgendwoher und übernahm das Haus. Aber nicht den Kater. Die Menschen sind manchmal so …«

»Wie?«

»Nun, eben unmenschlich!«

»Ja«, schnurrte unser Kater, und sein Blick schweifte in die Ferne.

»Wassilji hatte es danach nicht leicht. Von einem Tag auf den anderen auf der Straße zu sitzen, mutterseelenallein. Er ist nicht böse, nur zornig. Unglaublich zornig.«

Die beiden sahen sich still an. Dann kam ein weiterer Kater von einer der Säulen herunter. Er hatte langes, graues Haar und eine dicke Narbe auf dem Rücken.

»Das ist Billo«, stellte die Dame des Hauses ihn vor. »Aber er nennt sich jetzt Mario. Er ist der Älteste von uns und längst nicht so misstrauisch wie Wassilji. Aber du gehst am besten gleich hin und stellst dich vor. Auf solche Dinge legt er größten Wert. Und pass auf, dass du ihn ja Mario nennst.«

»Wird gemacht.«

Der schwarze Kater fand das alles höchst erfreulich und gehorchte gerne. Er machte sich auf, um den großen Boss der Katzengemeinde zu begrüßen. Dann kehrte er zu seiner Freundin zurück, wobei er etwas sah, was ihn ziemlich überraschte. Zwischen den Säulen lag zusammengerollt ein Hund. Er schien sehr alt und hatte den traurigen Blick eines Geschöpfes, dem nicht mehr viel Zeit bleibt. Zwei Katzen näherten sich ihm langsam und fragten, wie es ihm denn gehe. Von den eigenen Gebrechen und Zipperlein zu reden, ist für viele alte Geschöpfe fast wie Medizin. Und auf jeden Fall ist es besser, als allein zu sein.

»Wer ist denn das?«, fragte der Kater, immer noch erstaunt. »Entschuldige die Frage, aber das ist doch ein Hund. Was treibt der denn bei euch Katzen?«

»Findest du das merkwürdig? Er heißt Hektor. Als

junger Hund strotzte er vor Kraft. Groß, stark, unermüdlich, wenn er einem hinterherjagte. Er hat uns jahrelang das Leben sehr schwer gemacht, denn er war der Wachhund des Metzgers an der Ecke. Wir durften nicht mal die Mülltonnen nach Resten durchstöbern. Er verfolgte uns bis hierher und verhöhnte uns dann sogar noch: ›Hier ist nichts für die Katz'!‹ Dann kehrte er triumphierend in die Metzgerei zurück. Aber natürlich ist auch er mal alt geworden und bekam eine schlimme Knochenkrankheit. Da er nun nicht mehr taugte zum Wachhund, hat der Metzger ihn vor die Tür gesetzt und sich zwei Mastiffs genommen. Und so ist Hektor zu uns gekommen.«

»Nach allem, was er euch angetan hatte?«

Diesmal ließ die Kätzin sich Zeit für ihre Antwort.

»Ich behaupte ja nicht, dass Vergebung einfach ist. Aber Hassen ist noch viel anstrengender. Wir hier haben gerne unsere Ruhe. Und wenn man schon nicht verzeihen kann, dann kann man doch wenigstens vergessen. Hier bei uns funktioniert das.«

Der schwarze Kater bedankte sich einmal mehr, dann machte er sich auf, um sich ein Schlafplätzchen zu suchen. Aber da kam die Schöne mit den grün-goldenen Augen eilig hinter ihm hergelaufen. »Entschuldige. Jetzt habe ich dir zwar sämtliche Regeln erklärt und eine Stunde lang Vorträge gehalten, aber vorgestellt habe ich mich nicht! Was soll's! Ich weiß nicht genau, warum, aber hier nennen mich alle Viktoria. Zugegeben, ein recht pompöser Name, aber schön ist er schon irgendwie, nicht wahr?«

»Oh ja«, antwortete der Kater. »Er passt perfekt zu dir.«

»Und du? Wie heißt du?«

»Ich heiße …« Der Kater versuchte, nicht ins Stottern zu geraten. »Tja, eigentlich habe ich viele Namen. Machen wir es einfach so: Nenn mich, wie du willst. Ist es schlimm, wenn ich dir keinen richtigen Namen nennen kann?«

»Ich habe dir ja schon gesagt: Hier interessiert sich keiner dafür, wie du heißt oder woher du kommst. Wenn du dich benehmen kannst, dann benvenuto! Dann bist du uns willkommen.« Da leuchteten Viktorias Augen kurz auf. »Genau! So werde ich dich nennen: Benvenuto!«

4

Der Abend kam und mit ihm der Kater. Wie immer war der Kammerdiener noch in den Räumen des Papstes, um ihm letzte Empfehlungen vor dem Schlafengehen zu geben.

»Wenn es gewünscht ist, komme ich später noch mal vorbei. Um nachzusehen …«

»Nein, danke«, wehrte der Papst eilig ab. »Ich werde genauestens aufpassen. Zuerst die grüne Tablette, dann die rosarote und schließlich der warme Sirup.« Er würde alles tun, um den Kammerdiener loszuwerden. Dieser wiederholte gebetsmühlenartig seine Formel, bevor er sich verabschiedete: »Gebete und Medikamente.« Und dann endlich war der Papst allein.

Zumindest glaubte er das.

Er beschloss, einige der Briefe zu lesen, die man ihm aus aller Welt schrieb. Er machte sich Notizen, was er antworten wollte. Er verfasste seine Antwortbriefe nämlich immer selbst. Es freute ihn, mit seinen Schäfchen persönlich in Kontakt zu treten.

Plötzlich aber überfiel ihn das gleiche Gefühl wie am Vorabend. Er fühlte sich beobachtet, doch dieses Mal wollte er der Katze zuvorkommen. Und so fragte er mit lauter Stimme: »Du bist also wieder da?«

»Kompliment«, meinte der Kater. »Du hast meine Anwesenheit gespürt.«

»Bitte bleib von mir weg, sonst wecke ich den ganzen Apostolischen Palast auf.«

»Immer noch diese unselige Allergie!«

»Ja, ich bin allergisch. Allergisch gegen dich. Und noch etwas: Wie kommst du überhaupt hier herein? Dieses Mal habe ich selbst nachgesehen. Das Fenster war zu.«

»Na ja, dann …« Der Kater legte amüsiert den Kopf schief. »Das mit dem Fenster ist ja wirklich eine Obsession. Schlimmer als die Allergie. Können wir nicht über interessantere Dinge reden? Ich habe einen wunderschönen Spaziergang durch die Stadt hinter mir. Was soll ich sagen? Nicht übel! Daher frage ich mich: Könntest du mir nicht einfach den Palast zeigen? Dann habe ich alles gesehen. Denn das hier ist wirklich ein sehr schöner Ort.« Dann deutete er mit dem Kopf auf das Abendessen, das einmal mehr unberührt da stand. »Wenn wir ein bisschen bummeln gehen, bekommst du vielleicht auch Appetit und isst ein bisschen was, damit dieser Kammerdingsbums …«

»Kammerdiener.«

»Na gut, Kammerdiener. Damit der zufrieden ist und dich in Ruhe lässt. Was denkst du?«

Der Papst sah ihn mit einer Mischung aus Misstrauen und Belustigung an. Was wollte dieser Kater eigentlich von ihm? Noch dazu ein *sprechender* Kater. Ein kleines, doch sicher nicht unwesentliches Detail. Vielleicht handelte es sich ja um einen Dieb, der die Räumlichkeiten auskundschaften wollte? Aber dann beschloss der Papst, das Risiko einzugehen und den Vorschlag anzunehmen. Die Vorstellung, zwischen all den Wundern im Vatikan spazieren zu gehen, missfiel ihm keineswegs. Ganz im Gegenteil. Er saß schon seit Jahren immer hier, ohne all die Pracht noch zur Kenntnis zu nehmen. Und die Vorstellung, sie jemandem oder etwas … nun ja, diesem Kater eben zu zeigen, versetzte ihn in freudige Erregung.

»Gut, dann gehen wir los. Aber pass auf, dass du dich gut versteckst, wenn wir auf die Wachen treffen. Und vor allem: Bleib auf Abstand, sonst …« Und schon fiel ihm der Kater ins Wort: »Fange ich an zu niesen!«

»Ja, meine Allergie meldet sich wieder. Na und? Könntest du nicht wenigstens aufhören, dich über mich lustig zu machen?«, fragte der Papst. Allerdings gelang es ihm nicht, dazu auch noch ein böses Gesicht zu machen.

»Entschuldige«, warf der Kater lächelnd ein. »Aber mach dir keine Sorgen. Ich werde mich ganz unauffällig verhalten. Wie eine Katze eben.« Und er zwinkerte dem Papst grinsend zu.

Der Papst öffnete leise die Tür. Er spähte nach rechts, dann nach links, um nachzusehen, ob auch bestimmt niemand in den Fluren unterwegs war. Er wollte keine Erklärungen abgeben, warum er diesen nächtlichen Ausflug unternahm. Was hätte er auch sagen sollen? *Ich spiele Fremdenführer für einen mir bekannten Kater, obwohl es mitten in der Nacht ist und ich auf Katzenhaare allergisch bin. Aber in Wahrheit kenne ich ihn kaum und weiß auch nicht, welche Absichten er hat.* Da hätte man ihn vermutlich sofort in eine Nervenklinik gebracht.

Glücklicherweise war der spärlich erleuchtete Korridor leer.

»Gehen wir«, flüsterte ihm der Kater zu, und so machten sich die beiden ungleichen Gefährten auf den Weg.

Sie durchquerten den Park und hielten direkt auf die heiligen Hallen des Museums zu, dabei waren schon die Gärten einfach umwerfend schön. Brunnen,

MARE MEDITERRANEO

Wasserspiele, Riesenschildkröten, seltene Blumen, elegante Statuen und zwischendrin Obstbäume und tropische Pflanzen aus aller Welt.

Das sanfte Mondlicht ließ ihre Farbenpracht erahnen, sodass man sich unwillkürlich fragte, wie all das aussehen würde, wenn nach der Morgendämmerung die Sonne ihr Licht darüber ausgießt.

Als die beiden Spaziergänger das Museum erreichten, war schon der erste Saal so hell erleuchtet, dass der Kater unwillkürlich seine Pupillen zu Schlitzen verengte, so hell funkelte das Gold, so umwerfend waren die Kunstwerke.

Dem Papst fiel auf, dass der Kater alles genau musterte. Sein wacher Blick wanderte von Werk zu Werk.

»Begabung bringt die unglaublichsten Dinge hervor«, flüsterte der Heilige Vater. »Gefällt es dir?«, fragte er und wandte sich dem Kater zu. Dieser antwortete ohne große Begeisterung: »Ja, sehr.« Dann ging er weiter.

Einen Augenblick lang war der Papst empört. Aber was konnte man von einem Kater schon anderes erwarten? Vermutlich hatte er einfach keinen Sinn für Kunst. Und während der Petersdom im Nachtschlaf lag, setzten die beiden ihren Rundgang fort, geführt – wenn das mal nichts ist! – vom Papst höchstpersönlich!

Durch diese Korridore waren einst Königinnen und Kaiser gewandelt. Man hatte wahrlich das Gefühl, einen Rundgang durch die Geschichte zu machen. Treppauf, treppab, gingen die beiden, doch der Papst kam nur langsam voran. Der Kater musste immer wieder auf ihn warten, zum Beispiel am Fuße einer Statue. Manchmal kletterte er auch auf eine Bronzefigur, damit es nicht so aussähe, als langweile er sich.

Als der helle Widerschein des Papstgewandes sich im Flur abzeichnete, mussten die beiden schläfrigen Wachen sich erst vergewissern, dass sie nicht träumten. »Der Papst? Ganz allein, hier, mitten in der Nacht? Dann stimmt es also, dass er nicht mehr ganz dicht ist.« Aber sie wagten nicht näherzukommen. Schließlich hatten sie es mit dem Pontifex maximus zu tun, der hier ja zu Hause war. Sie würden einfach den Dienstweg einhalten und die ganze Angelegenheit am Morgen ihrem Vorgesetzten melden, der seinerseits … und dann wieder … und dann nochmals … bis die Botschaft beim Kammerdiener ankam, der wie immer informiert sein würde und sicher auch wusste, was zu tun war.

Der Kater hielt indessen immer einen gewissen Sicherheitsabstand zum Papst. Plötzlich blieb er stehen.

»Ah, das ist wirklich sehr schön!« Er zeigte mit dem Kopf auf eine Himmelskarte. »Hast du dafür viel bezahlt?«

»Aber nein«, sagte der Papst mit sanftem Lächeln. »Ich habe das nicht gekauft.« Immer noch glucksend erklärte er: »Das ist ein Geschenk von einer Königin an einen meiner Vorgänger. Vermutlich hat das jetzt einen immensen Wert, aber selbst, wenn es jemandem gelänge, es zu stehlen, so fände sich doch kein Käufer, der ...«

»Ich bin nicht zum Stehlen hier«, entgegnete der Kater ernst.

Da verfielen beide in Schweigen. Der Papst suchte nach Worten, um sich zu entschuldigen. Es tat ihm leid, was er gesagt hatte. Dieser Kater war bestimmt alles Mögliche, aber kein Dieb.

»Schau dir nur mal dieses Gemälde an. Wenn du die Dame im Auge behältst und dich durch den Raum bewegst, bekommst du das Gefühl, dass ihre Augen dir folgen, als wäre sie ...«

Dong, dong, dong.

Der Glockenklang schreckte die beiden auf. Es war wirklich schon sehr spät. Viel zu riskant, die Tour durch das Museum jetzt noch fortzusetzen. Also ließen sie die antiken Karten, die heiligen Siegel, die Medaillen und Münzen aus vielen Jahrhunderten hinter sich und kehrten in die Sicherheit der päpstlichen Gemächer zurück.

Wo etwas durch und durch Außergewöhnliches geschah: Der Heilige Vater hatte nach so langer Zeit endlich mal wieder richtig Hunger. Vermutlich, weil er den Ausflug mit seinem Begleiter genossen hatte. Er hob den Deckel von den Speisen: »Willst du auch etwas?«

Der Kater antwortete nicht, sondern musterte nur in aller Seelenruhe, was da vor ihm lag: Fisch, Gemüse, Kartoffeln, alles fein aufgeschnitten.

»Nimm nur«, beharrte der Papst freundlich.

Der Kater bedankte sich und meinte: »Wenn es dich nicht stört, nehme ich etwas mit.«

Und so gab es in jener Nacht, die sich bereits dem Morgen zuneigte, auf der Piazza der Katzen unverhofft ein Fest, ein Bankett, das eines Königs würdig war. Nein, eigentlich eines Papstes. Und tatsächlich wollten die Katzen wissen, woher diese Köstlichkeiten kamen. Und der schwarze Kater antwortete einfach: »Das war das Abendessen des Papstes.« Da lachten sie so laut, dass das antike Rom in seinen Grundfesten erbebte. Die ein oder andere Katze schlug einen Purzelbaum und selbst der gestrenge Wassilji setzte ein schwaches Lächeln auf. Eine zahnlose Katze rollte sich auf den Rücken und lachte so sehr, dass sie sich mit den Pfoten das Bäuchlein halten musste.

Nur Viktoria lachte nicht, sondern musterte den schwarzen Kater liebevoll. Aber der war kein bisschen beleidigt, denn er wusste ja, dass im Leben eine Lüge leider oft besser ankommt als die Wahrheit.

5

Die Sonne stand schon hoch am Himmel, als der Papst erwachte. Frohgemut erwachte. Wie lange war er nicht mehr so guter Laune gewesen? Freilich, es zwickte ihn da und dort, weil der nächtliche Spaziergang – und die Wege sind weit im Vatikan – sich doch in die Länge gezogen hatte. Aber er fühlte sich richtig wohl. Er hatte eine Kleinigkeit gegessen und gut geschlafen, ohne Tabletten.

Dieser Rundgang hatte ihm wirklich gutgetan. All die Meisterwerke zu bewundern hatte ihm das Herz erwärmt. Noch wichtiger aber war, dass er sich nun weniger allein fühlte. Auch ein Papst kann unter Einsamkeit leiden. Oh ja. Jetzt aber hatte er das Gefühl, einen Freund gefunden zu haben. Zumindest hoffte er das.

Gleichzeitig fragte er sich – wer hätte das nicht –, wer dieser schwarze Kater eigentlich war. So sympathisch und intelligent er war, so waren ihm doch häufig die offensichtlichsten Dinge nicht klar. Dabei schien er mit allen Wassern gewaschen. Ob er wohl seinen Spaß daran hatte, sich dumm zu stellen? Womit er wieder bei seiner ursprünglichen Frage angekommen war: Wer war dieser Kater? Wenn er denn tatsächlich ein sprechender Kater war. Und was wollte er hier? Denn irgendetwas wollte er bestimmt. Aber warum ausgerechnet von ihm? »Der ich zudem noch eine Katzenallergie habe«, dachte der Papst bei sich.

Doch der Heilige Vater wusste, dass er über dieses Thema mit niemandem sprechen konnte. Er musste an seine Ärzte denken, den Kammerdiener, die dienstältesten Priester. Das gäbe ein Spektakel! »Aber natürlich, Eure Heiligkeit. Was für eine ähm … Begegnung. Was soll man da sagen? Faszinierend. Ein Kater, der durch geschlossene Fenster in einen Raum kommt und spricht. Nun … erzählen Sie.« Danach hätte man schleunigst eine außerordentliche Besprechung anberaumt, bei der jeder seine Einschätzung abgegeben hätte. Und am Ende wären sie wohl alle einer Meinung gewesen: »Leider hat er den Verstand verloren, der Ärmste. Wir müssen ihn schleunigst einweisen lassen.«

Nein, danke! Er war wirklich nicht wirr im Kopf! Alt, müde, krank, mit einem Herz, das machte, was es wollte. Aber sein Kopf funktionierte immer noch einwandfrei. Und so beschloss der Heilige Vater, dass er mit niemandem darüber reden würde. Aber er würde Nachforschungen anstellen. Dieser Kater mit seinem seidigen Fell war nicht zufällig da. Das Ganze hatte seinen Grund. Und diesen würde er herausfinden.

Kaum hatte er diesen Entschluss gefasst, ließ sich auch schon das Klopfen des Kammerdieners vernehmen. Der Papst erkannte es schon am Ton der Knöchel, die aufs Türholz trommelten.

»Herein!«, rief der Papst wenig begeistert.

»Eure Heiligkeit sind ja auf. Habt Ihr gut geschlafen? Heute Morgen seid Ihr lange liegen geblieben. Ich habe mir schon Gedanken gemacht.«

»Es tut mir leid, dass ich euch so viele Sorgen bereite«, antwortete der Papst. »Selbst im Schlaf noch!«

Der Kammerdiener, der keineswegs dumm war, verkniff sich eine Antwort.

»Ich bin gestern eben spät zu Bett gegangen. Das war alles.«

»Ah ja, was das betrifft … Wenn ich mir erlauben darf, Eure Heiligkeit: Die Erste Ordonnanz wurde vom obersten Kaplan informiert, der wiederum von …«

»Herr Kammerdiener, ersparen Sie mir doch bitte, die ganze hierarchische Ordnung aufzuzählen, und sagen Sie mir, was Sie auf dem Herzen haben.«

»Wie Ihr wünscht. Nun, Ihr wart gestern zu sehr ungewohnter Stunde in den Räumen des Museums unterwegs.«

»Ganz richtig. Und warum bitte befanden es alle damit Befassten als nötig, ihren Vorgesetzten zu informieren, bis diese Botschaft endlich bei Ihnen angelangt ist? Gab es vielleicht irgendwelche Probleme?«

Das war ja zu erwarten gewesen. Dem beflissenen, eifrigen Kammerdiener entging nichts. Niemals.

Doch der Papst interessierte sich eigentlich nur für eine Sache: ob jemand den Kater gesehen hatte oder, schlimmer noch, ob jemand bemerkt hatte, dass der Papst nachts im Vatikan unterwegs war, um einer Katze Bilder und Skulpturen zu zeigen. Daher war er sehr gespannt auf die Antwort des Kammerdieners.

»Nein, Eure Heiligkeit, keine Probleme. Das fehlte gerade noch.« Mit diesen Worten blickte er dem Papst direkt in die Augen. »Nur ... da Ihr ja am Abend immer recht müde seid, wie soll ich sagen ... man hat es wohl seltsam gefunden, dass Ihr so spät noch zu einem Spaziergang aufgebrochen seid. Daher hat man mir Bescheid gegeben. Eure Heiligkeit, hier wollen alle nur Euer Bestes. Man macht sich eben Sorgen.«

»Und ich bin dafür ewig dankbar und werde für euch beten.«

Der Kammerdiener lächelte, der Papst tat es ihm nach. Dieses Problem war aus der Welt geräumt. Niemand hatte den Kater gesehen.

»Lasst mich doch nächstes Mal einfach rufen, wenn es wieder vorkommt. Es wäre mir eine große Freude, Euch begleiten zu dürfen, egal zu welcher Stunde.«

»Natürlich«, antwortete der Papst sanft. Doch insgeheim lächelte er, als er sich die Szene ausmalte: *Werter Herr Kammerdiener, darf ich vorstellen: der sprechende Kater. Verehrter Herr Kater, reicht dem Herrn Kammerdiener doch bitte die Pfote. Sehr schön, nun können wir ja gemeinsam aufbrechen.*

Stattdessen sagte er nur: »Ich bin jetzt einige Stunden in der Bibliothek. Lasst mich nur rufen, wenn es dringend ist.«

Eiligst wandte der Prälat sich um und sagte: »Ich sage gleich dem Archivleiter Bescheid, damit er Euch zur Hand geht.«

»Nein«, lautete die trockene Antwort des Heiligen Vaters, der sich gleichzeitig fragte, woher er diesen Mut nahm. Auch der Kammerdiener erstarrte. Doch der Papst erklärte, dass er diesen schon würde rufen lassen, wenn er Hilfe bräuchte. Für den Moment wolle er nur einfach seine Ruhe.

Als er endlich in der Bibliothek saß, hatte er das Gefühl, sich selbst ein Geschenk gemacht zu haben. Er war ganz allein inmitten all dieser Bücher und konnte in aller Ruhe suchen, lesen, studieren, nachdenken, ohne dass man ihn alle zehn Minuten fragte, ob er müde sei oder ob alles in Ordnung sei und er sich nicht lieber hinlegen wolle.

Einige Stunden später war er noch immer hinter hohen Bücherstapeln verschwunden, antike Werke, heilige Schriften, lauter dicke, schwere Bände. Aber allmählich verließ ihn die Begeisterung, denn er war von einer Antwort auf seine drängendste Frage immer noch weit entfernt. Wer war dieser Kater? Vielleicht eine Ausgeburt des Teufels? Schwarz wie die ungestirnte Nacht. Schwarz wie die Farbe des Bösen. Der Papst suchte weiter und weiter, blies den Staub von alten Pergamenten, in denen es um Hexen, Teufel, schwarze Katzen und allen möglichen Aberglauben ging, der immer eine Ausgeburt der Unwissenheit ist.

Hexenjagd.

Er hatte das Bild hinter diesem Wort immer gehasst, diesen hässlichen Worten. Jagd, jagen ... fortjagen. Seine Aufgabe war es, den Geschöpfen entgegenzukommen. Und dann dieser Begriff, *Hexe*. Was für Hexen denn? Diese armen, unschuldigen Frauen waren aus Borniertheit und fehlgeleitetem Glauben auf den Scheiterhaufen geschickt worden. Ihm schnürte sich das Herz zusammen, als er die Geschichten las, die von einer durch und durch unmenschlichen Grausamkeit zeugten.

Wie viel sinnloses Leiden doch durch Bosheit und Unwissenheit entstand. Denn die Unwissenheit, die sich einbildet, alles zu wissen, führt immer in die Katastrophe.

»Schluss damit«, sagte er sich.

Er schlug den dicken Wälzer zu, das Geräusch hallte durch die ganze Bibliothek. Und noch einmal sagte er: »Basta!« Aber auf eine Antwort war er trotzdem gestoßen, auf all den Seiten, die er studiert hatte: Die schlimmste Täuschung, der größte Fallstrick für den Menschen ist und bleibt das Vorurteil. Die Angst vor dem, was uns nicht gleich ist und uns unmöglich erscheint. Der Kater wollte etwas von ihm? Nun, er würde sich nicht verstecken. Er würde versuchen, ihn zu verstehen.

Er verschränkte die Hände hinter dem Rücken und schlenderte gemütlich zurück durch die ewig langen Reihen der Bücher. Noch ein Geschenk: die Gabe zu glauben und zu zweifeln. Und da gerade seine Überzeugung schon immer auf einen Glauben gründete, der für das menschliche Auge unsichtbar blieb, da konnte er, ja da musste er vielleicht sogar glauben, dass ein höchst seltsamer Kater mit ihm reden wollte.

6

Einige Tage verstrichen, die der Papst eher anstrengend fand. Und als er gerade anfing, sich Sorgen zu machen – der Abend senkte sich eben herab, es mag wohl an einem Donnerstag gewesen sein –, da war der Kater wieder da. Der Pontifex empfing ihn mit einem breiten Lächeln, auch wenn er nicht nähertrat. Und aus einer unerfindlichen Vergesslichkeit heraus dachte der Papst nicht daran, seinem Kammerdiener Bescheid zu sagen. Er schmunzelte und erzählte dem Kater: »Ich bin alt, müde und ziemlich krank. Das sagen die mir ständig. Tja, da macht das Gedächtnis halt einfach nicht mehr mit.«

»Aber, Eure Heiligkeit …«, ahmte der Kater den Kammerdiener nach.

»Ich weiß, ich weiß. Aber den ein oder anderen Lausbubenstreich darf doch selbst ich mir erlauben.«

Für dieses Mal hatten sie sich ein anderes Programm vorgenommen und begaben sich, sehr ehrfürchtig wandelnd, auf eine wunderbare Terrasse.

Natürlich waren die Kunstwerke im Museum ausgesprochen herrlich, aber diese Nacht schien vom größten Künstler des Universums gestaltet worden zu sein. Der Kater sprang auf eine Balustrade und so verharrten sie beide, sprachlos in den Himmel blickend. Das Genie, das dieses Meisterwerk geschaffen hatte, schenkte ihnen noch eine Melodie, die irgendwo in der Ferne auf einem Klavier angestimmt wurde, und verlieh damit diesem Moment den letzten Schliff.

Der Papst drehte sich ganz langsam um. Er wollte nichts tun, was irgendwie auffällig gewirkt hätte. Sein Blick richtete sich auf seinen treuen Begleiter, den merkwürdigen und geheimnisvollen Kater, der ihm mittlerweile zum Freund geworden war. Der einzige Freund, der ihm zur Seite stand. Freilich war er ständig von Menschen umgeben, aber wer von ihnen interessierte sich denn tatsächlich für ihn? Wie es seinem Herzen ging? Und damit meinte er nicht die Anzahl der Schläge, die es pro Minute schaffte. Darüber wussten alle Bescheid, und wer es nicht wusste, bekam es jeden Tag gesagt. Nein, für das, was in diesem Herzen wohnte. Hatte ihn das vielleicht je einer gefragt?

Irgendwann kehrten sie zurück in die Gemächer des Papstes, und wieder kostete dieser ein bisschen von seinem Abendessen. Natürlich lud er auch den Kater zum Essen ein.

»Aber du kannst auch gerne mitnehmen, was immer du willst. Ich will gar nicht fragen. Nimm einfach, was du brauchst. Ich habe keine Ahnung, wohin du mit all diesen Leckereien willst, aber ich vertraue dir. Nimm ruhig.«

Und so gab es an jenem Tag auf der Piazza der Katzen wieder einen Festschmaus. Selbst Hektor, der mühsam heranrobbte, bekam seinen Anteil. Und als man den Kater fragte, woher all das gute Essen kam, lachte auch er. Doch der schwarze Kater ließ es sich nicht nehmen: »Ihr habt mich gefragt, und ich sage es euch: Das ist das Abendessen des Papstes.« Dann schenkte er der hübschen Viktoria ein Lächeln: »Er hat sogar darauf bestanden.«

Am folgenden Nachmittag, als der Papst unzählige Gespräche, amtliche Verpflichtungen und eine Rede vor ausländischen Staatsgästen hinter sich gebracht hatte, war er müde und genehmigte sich ein gar nicht mal so kurzes Nickerchen. Als er erwachte, hatte er das Gefühl zu träumen: Der schwarze Kater lag zusammengerollt auf ihm, ein riesiger schwarzer Fleck auf seinem weißen Gewand. Er schloss die Augen und riss sie wieder auf: Der Kater war immer noch da. Er schien ein bisschen verschwommen, aber kein Zweifel: Er war es. Und er lag direkt auf ihm.

Der Papst griff nach der Brille und setzte sie auf. Nun sah er ihn ganz scharf: aus Fleisch und Blut und vor allem *Haaren.*

Hatschi. Hatschi. Hatschi.

Die Nies-Salve scheuchte den Kater auf.

»Hallo, was ist denn los? Ich habe geschlafen.«

»*Ich* habe geschlafen«, betonte der Papst. Er schnäuzte sich kurz, damit das Niesen aufhörte.

Der Kater musste lachen. »Aber könntest du nicht etwas leiser niesen? Garantiert kommt jetzt gleich der Kammerdiener.«

»Nein, er führt unsere Gäste herum. Für den Moment sind wir sicher.« Die beiden zwinkerten sich zu wie alte Freunde.

»Hör mal«, meinte der Kater und warf einen Blick auf das beeindruckende Bücherregal, das hinter dem Papst aufragte. »Du hast doch so viel studiert und liest andauernd …« Der Kater kam immer näher, bis der Papst ihn bat zurückzubleiben.

»Bitte, komm nicht so nah heran.«

»Genau darum geht es doch. Darüber will ich mit dir reden. Du bist tatsächlich überzeugt, auf mich allergisch zu sein. Und dass mein Fell für dich unerträglich ist.«

»Was soll das denn heißen? Natürlich habe ich studiert, aber doch nicht Medizin. Und die Ärzte sind sicher, dass ich …«

»Ich wiederhole meine Frage. Glaubst du tatsächlich, auf mich allergisch zu reagieren? Bist du wirklich davon überzeugt, dass ich das Problem bin? Dass es in Wirklichkeit nicht um etwas ganz anderes geht?«

So ganz behaglich war dem Papst bei dieser Frage nicht. Vielleicht war jetzt ja der Moment gekommen, um die Sache anzusprechen und ein für alle Mal zu begreifen.

»Was? Etwas anderes? Was willst du damit sagen? Da sind Ärzte, die mich Tag und Nacht behandeln und die wissen genau, was ich habe. Sie sagen … aber was soll ich dir das erklären? Bist du vielleicht Arzt? Wohl kaum. Also legen wir doch mal die Karten auf den Tisch. Die Wahrheit kann schmerzlich sein, aber sie macht immerhin frei von Angst. Darf man also erfahren, wer du eigentlich bist?« Trotz der unerwarteten Wendung des Gesprächs, die ihn dazu gebracht hatte, diese Frage zu stellen, hatte der Papst Angst vor der Antwort. Die beiden sahen sich eine Weile schweigend an, dann stieß der Kater einen tiefen Seufzer aus. Er war nicht verärgert, aber sein Blick war ernst.

»Du willst wissen, wer ich bin. Gute Frage. Aber ich habe noch eine bessere parat. Du musst sie nicht sofort beantworten, vielleicht wenn wir nächstes Mal spazieren gehen. Also verrate mir eins: Bist du glücklich?«

7

Niemand achtete auf den bildschönen schwarzen Kater, der über den Platz davonstolzierte. Durch die Kolonnaden, die sich aufgrund ihrer besonderen Anordnung je nach Blickwinkel zu öffnen oder zu schließen schienen wie eine Umarmung. Die meiste Zeit aber umschlossen sie nichts und niemanden, denn das Leben, das wahre Leben, spielte sich jenseits dieser Säulengänge ab, sehr viel weiter unten, dort, wo es keine Marmorstatuen gab und die Pflastersteine nicht blank geputzt waren.

Das dachte jedenfalls der Kater, als er sich wieder zu der Katzengemeinde begab, in der er sich mittlerweile zu Hause fühlte. Dort angekommen legte er sich unter einen Baum, weil er die anderen Katzen nicht stören wollte, die dösend herumlagen. Aber er schlief nicht ein. Er musste nachdenken. Außerdem hoffte er natürlich, dass Viktoria vorbeikäme. Es hätte ihm gefallen, so viel war ihm klar, in ihre grün-goldenen Augen zu blicken, die so plötzlich die Farbe ändern konnten. Und tatsächlich entdeckte er sie später am Abend, wie sie im Mondlicht die Treppen herabkam. Sie putzte sich voller Eleganz. Kaum hatte sie ihn bemerkt, lächelte sie ihn an.

»Ciao! Ich habe mir schon Sorgen gemacht.«

Was dem Kater nicht schlecht gefiel.

»Ich war spazieren und wollte mich jetzt ausruhen.«

»Ah!« Viktorias Blick bekam Glanzlichter. »Wenn du Hunger hast: Der Kellner vom Restaurant um die Ecke hat gerade die Reste vom Abend vor die Tür gestellt. Das ist vermutlich nicht ganz die Klasse, die deine Abendmahlzeiten so haben, aber es gab heute Abend einen sehr guten Seebarsch. Ich schwöre!«

»Danke, du bist sehr freundlich, aber ich habe keinen Hunger.«

»Hm.« Die Schöne musterte ihn aufmerksam. »Düstere Gedanken?«

»Sagen wir mal: Es gibt da ein Problem, das ich lösen muss, und ich habe gemerkt, dass es komplizierter ist, als ich dachte.«

»Kann ich helfen? Und wenn mehr als eine Pfote gebraucht wird, sind die anderen ja auch noch da.«

Der Kater lächelte. »Nein, dabei könnt ihr mir nicht helfen. Aber was meinst du, sollen wir vielleicht ein wenig spazieren gehen?«

»Ja, sicher! Ich bin eine sehr gute Fremdenführerin. Und Gehen hilft ja, vor allem beim Denken. Im Gehen denken ist besser als im Stehen.«

»Wie bitte?«

»Nun, man sieht die Dinge von einer anderen Warte aus. Vielleicht ändert sich auch etwas, wenn wir so dahinschlendern. Und wir ändern uns natürlich auch. Nach so vielen Schritten findest du vielleicht doch die Lösung für das Problem, das du zu Anfang noch hattest.«

Die Sanftmut, die Begeisterung, die Kraft, die dieses Geschöpf allen anderen schenkte, selbst ohne sie zu kennen, waren zutiefst ansteckend. Der Kater löste sich mit einem Schütteln aus seiner Bequemlichkeit und musste sich beeilen, denn seine Freundin war längst in einer Seitengasse verschwunden. Sie stromerten Seite an Seite durch die Stadt. Die Straßen waren auch um diese späte Stunde immer noch voll. Vor einem Restaurant saßen junge Leute, die immer noch einen Trinkspruch ausbrachten und kein Ende fanden. Der müde Kellner stand in der Tür und versuchte, ihnen durch seine bloße Anwesenheit zu signalisieren, dass es Zeit war zu gehen. Immerhin wollte auch er mal nach Hause. Nichts zu machen. Schon stieß man wieder an, und so blieb ihm nichts als die Hoffnung auf ein gutes Trinkgeld für seine Dienste und seine Geduld. Wenigstens etwas.

Ein paar Straßen weiter zählte eine Mutter mit Kind, was sie als Straßenhändlerin eingenommen hatte. Paare bummelten am trägen Fluss entlang, der ihre Küsse mitzählte. Jugendliche im Clinch mit der ersten Liebe, unerfahren und leidenschaftlich. Ältere Paare, die sich untergehakt hatten, vielleicht nicht mehr ganz jung, aber ein Fels in der Brandung des Lebens. Auch die unglücklichen Liebenden zogen durch die Nacht, leidende Seelen, die müden Schrittes durch die Dunkelheit eilten und die glücklichen Paare mit einer Mischung aus Neid und süßer Verzweiflung betrachteten.

Leider ist auch die Dummheit nie weit entfernt, und je weiter sie in die Stadtmitte kamen, desto öfter begegneten ihnen Menschen, die Katzen, und überhaupt schwarze Katzen, mit Schreien und Stampfen zu vertreiben suchten. Oder laut zischten, um die beiden Freunde, die ohne jemanden zu stören durch die Straßen schlenderten, zu erschrecken. Die Kätzin machte dem Kater ein Zeichen, diese komischen Typen links liegen zu lassen.

Ein paar Straßen weiter saß ein altes Paar auf dem Vorplatz eines großen Hauses und spielte Karten. Der

Tisch war vermutlich älter als die beiden zusammen, die Rattanstühle schon reichlich verschlissen. Doch die beiden lachten bei jedem Punkt, der gewonnen oder verloren wurde, und streichelten einander die Hand. Katze und Kater blieben sitzen und sahen eine Weile zu.

Auf dem Heimweg kamen sie an einem Musiker vorbei, der seine Geige schon in den Koffer gepackt hatte. Sein Anzug war ganz offensichtlich in die Jahre gekommen, doch das nahm dem Mann nichts von seiner Eleganz. Als er die beiden vorübergehen sah, hob er die Hand, um Viktoria zu grüßen. Die grünäugige Schönheit grüßte lächelnd zurück und strich ihm liebevoll um die Beine.

»Kennst du den Mann?«, fragte der Kater, als sie an ihm vorbei waren.

»Ja, ich kenne hier alle. Und alle kennen mich. Ich bin auf der Straße geboren und aufgewachsen. Der Geiger ist wirklich gut. Im Winter kuschle ich mich gerne in seinem Geigenkoffer zusammen, während er spielt. Ich könnte ihm stundenlang zuhören. Außerdem sind die Passanten meist großzügiger, wenn sie mich sehen. Und dafür bedankt er sich am Abend immer, indem er mir etwas zu essen kauft.«

Mittlerweile waren sie beinahe wieder an ihrem

Ausgangspunkt angelangt, aber Viktoria hatte noch einen kleinen Umweg eingeplant. »Komm mit an den Fluss, ich möchte dir noch einen Freund vorstellen.«

Am Fluss sah der Kater einen Mann, der sich fest in eine Decke eingewickelt hatte. An einem Haken unter der Brücke hingen seine feuchten Kleider. Ein Hund hielt Wache. Er schien zu schlafen, doch nicht besonders fest. Als die beiden näherkamen, hob er sofort den Kopf. Der Kater erstarrte, aber Viktoria grüßte den Hund, der sich darauf wieder hinlegte.

»Ich weiß nicht, wie er heißt. Hin und wieder schaut er auf einen Sprung bei uns vorbei und sieht, was es zu fressen gibt. Er redet mit niemandem, und wenn er tatsächlich etwas sagt, versteht man ihn nicht. Aber mittlerweile verständigen wir uns mit Gesten. Das reicht.«

Als sie zur Piazza der Katzen zurückkamen, war es fast schon Morgen.

»Danke«, sagte der schwarze Kater.

»Es war mir ein Vergnügen. Ich hoffe, der Spaziergang hat dir geholfen.«

Sie wollten gerade nebeneinander einschlafen, als der Kater sich noch einmal umwandte: »Viktoria!«

»Ja?«

»Und wenn ich dir nun sagen würde, dass ich des Papstes wegen hier bin?«

Viktoria richtete sich noch einmal kurz auf. »Hör mal, du musst mir gar nichts erklären. Das macht man hier so.«

Der Kater war ein bisschen enttäuscht von der Antwort. Das hatte er nicht erwartet.

Aber Viktoria fuhr fort: »Aber wenn du mir in die Augen schaust und mir alles erzählst, werde ich dir glauben. Wenn du mir sagst, dass du ein Freund des Papstes bist, dann glaube ich dir.«

8

Ein großer Dichter hat einmal gesagt, dass wir ein öffentliches Leben haben, ein privates und ein geheimes. Alle. Auch der Papst. Nur dass in seinem Fall das Privatleben von seinem öffentlichen Leben aufgesogen wurde. Der Terminkalender auf dem Schreibtisch war jeden Tag voll, und sollte sich tatsächlich mal ein weißes Fleckchen zeigen, dann füllte es der Kammerdiener eilig mit Arztbesuchen: »Ihr wollt doch nicht etwa Euer Herz vernachlässigen, Eure Heiligkeit! Eure Gesundheit ist nun mal …«

Natürlich gab es da die Zeiten des Gebets, aber nicht einmal da war der Papst mit sich allein. Nicht einmal da hatte er die Zeit, für eine Minute die Augen zu schließen, sich mit einem Zweifel zu beschäftigen oder über eine dumme Frage nachzudenken. Eine Minute zum Nachdenken.

Mittlerweile aber hatte der Heilige Vater beschlossen, ein geheimes, ein verheimlichtes Leben zu führen. Denn nachts kam dieser geheimnisvolle schwarze Kater zu Besuch und die beiden gingen im Garten spazieren (wenn es nicht zu kalt war) oder sie durchstreiften den Palast.

Irgendwann im Laufe dieser ausgedehnten Spaziergänge fing der Papst an, sich weniger allein zu fühlen. Der Kater – wenn es denn ein solcher war – war wirklich sympathisch. Er konnte gut zuhören, und wenn die beiden zusammen waren, fühlte der Papst sich gut. Viel besser jedenfalls als nach der Einnahme all dieser Medikamente. Die einzige Vorsichtsmaßnahme, an die beide sich hielten: Sie mussten einen gewissen Abstand halten, wegen dieser merkwürdigen Allergie, die der Papst sich vermutlich bei einer seiner Reisen entwickelt hatte und die, wenn man nicht aufpasste, seiner Gesundheit schaden könnte.

Eines Abends hatte der Papst seinen Freund gefragt: »Warum ziehst du eigentlich die Gesellschaft eines alten Mannes der deiner Artgenossen vor?«

Und der Kater hatte ihm die schlichte Antwort gegeben: »Aber wir sind doch letztlich alle gleich.«

Jede Nacht verging die Zeit wie im Flug. In den Morgenstunden verabschiedeten sie sich dann, ohne auch nur einmal zu sagen: »Bis zum nächsten Mal.« Sie wussten beide, dass es dieses nächste Mal geben würde.

Und so glaubte der Papst fest daran, endlich sein kleines Glück gefunden zu haben und die kurze Zeit, die ihm noch blieb, im Einklang mit sich und der Welt verbringen zu können. Er war glücklich, doch früher oder später müssen wir uns damit auseinandersetzen, wer wir sind. Oder sein sollten. Die Wahrheit kommt und findet uns, auch wenn wir uns sicher glauben. Und meist kommt sie auf Wegen, die wir uns nie hätten träumen lassen.

»Hast du eigentlich einen dunklen Mantel?«, wollte der Kater wissen, als er wieder einmal die päpstlichen Räume betrat.

Der Papst putzte sich gerade die Brille, voller Vorfreude auf den bevorstehenden nächtlichen Ausflug. Nun drehte er sich um und fragte verdutzt: »Wieso?«

»So wie du angezogen bist, kannst du schlecht vor die Tür gehen. Sagen wir mal so: Nachts fällst du mit dem weißen Gewand auf!« Aber der Papst hatte ja gar nicht vor, das Gelände zu verlassen. Woher also dieser Vorschlag? Er verstand nicht, was das sollte. Doch der Kater saß aufrecht mitten im Zimmer und sah ihn unverwandt an, ohne sein übliches Lächeln.

»Jetzt sag mir nicht, dass es in diesem riesigen Palast keinen dunklen Mantel gibt!«

So in die Enge getrieben beugte sich der Papst den Wünschen des Katers und holte einen alten Mantel aus einem der Schränke hervor.

»Und wo müssen wir hin?«, fragte er, während er ihn überzog, aber der Kater war schon im Korridor und antwortete nicht.

Ohne auf andere Menschen zu stoßen, erreichten die beiden einen schmalen Seitenausgang, den der Papst noch nie benutzt hatte, aber er kannte ja jeden Winkel des großen Gebäudes. So standen sie nun auf der Straße und schlugen den Weg Richtung Stadt ein.

Der Papst, in Mantel mit Kapuze, auf einer Seite der Straße, der Kater auf dem gegenüberliegenden Gehsteig. Er achtete darauf, nicht zu schnell zu gehen, um seinen Freund nicht zu ermüden. Sie sprachen kein Wort, obwohl der Papst schon gerne gewusst hätte, wohin sie unterwegs waren und warum. Dieser Ausflug war anders als alle, die sie bisher gemacht hatten. Natürlich war die Stadt wunderschön, aber das Leben, das wahre Leben, stellte die Schönheit bald in den Schatten.

Der Kater bog in eine enge Gasse ein, der Papst folgte ihm und stand unverhofft vor einem armen Kerl, der versuchte, seine zerlumpte Kleidung um sich zu ziehen, um es sich in einem Hauseingang einigermaßen bequem zu machen. Der Papst wollte nicht aufdringlich sein und senkte den Blick. Er zog die Kapuze übers Gesicht und verspürte den Drang, schnell weiterzugehen. Aus einer merkwürdigen Scham heraus, einer Peinlichkeit im Angesicht des Elends. Dann aber stellte er sich der Wahrheit: Die Armut hält uns einen Spiegel vor. Daher machen die Armen uns Angst, daher wollen wir sie nicht sehen. Hier unten, gar nicht weit von seinen Fenstern entfernt, spielte sich das echte Leben ab, der Kampf gegen den Hunger und die Einsamkeit.

Der Papst hatte den Kater beinahe vergessen. Er ging dahin und dorthin, tauchte in jene Gasse ein, schaute sich auf diesem kleinen Platz um. Und das Bild, das sich ihm bot, war überall das gleiche. Das war seine Herde: die Angeschlagenen, die Ausgegrenzten, deren Körper und Seele ohne jede Hoffnung waren.

Ein Windhauch erhob sich von weiß Gott woher und blies ihnen in den Gassen entgegen. Und wie immer misst der Wind deine Kraft und deine Schwäche. Der Kater schritt ruhig dahin. Er spürte die kühle Luft im Gesicht, verlor aber nie den Papst aus den Augen, der immer mehr zu kämpfen hatte. Der Wind drang in seine Gedanken und dann in seine Seele. Nur zu gerne wäre er umgekehrt, aber das ging nicht. Er fing an zu zittern. Am liebsten wäre er davongelaufen, aber auch das war nicht möglich. Er musste, ja wollte den Verzweifelten ins Gesicht sehen, mit ihren schäbigen Lumpen und den löchrigen Decken. Wer von ihnen wäre auf die Idee gekommen, dass der Mann in dem schwarzen Mantel, der da vorüberging, der Heilige Vater war? Auserwählt, sich um alle zu kümmern. Vor allem um sie.

Aber ja, es war wirklich der Papst. Der einen weiten Weg gekommen war und endlich stehen blieb vor einer wunderschönen alten Frau.

Alle Falten der Welt schienen sich in diesem Gesicht zu versammeln, erhellt vom Licht der Augen, das nicht einmal Elend und Trauer hatten löschen können. Sie saß auf einer alten Holzkiste, eingehüllt in einen riesigen Schal, der ihr Schirm und Decke zugleich war. Leise sang sie vor sich hin und wiegte sich im Wind, um sich selbst Gesellschaft zu leisten. Sie hatte Zuflucht unter einem Vordach gefunden, wo sie allerlei hübschen Krimskrams ausbreitete, den sie tagsüber an die Touristen verkaufte. Der Wind kam und ging, fegte immer stärker die Gasse hinauf und hinab.

Der Papst ging auf die Frau zu. Der Kater blieb diskret in einiger Entfernung sitzen, um die beiden zu beobachten.

Was sie zu bereden hatten, werden wir wohl nie erfahren. Doch selbst der Kater sah mit offenem Mund zu, als der Papst den Mantel abnahm und ihn der alten Dame gab. Diese war über das Geschenk so glücklich, dass sie nicht auf das weiße Gewand des netten Mannes achtete, das darunter zum Vorschein kam. Zum Dank schenkte sie ihm eine vertrocknete Blume, die der Papst sich an die Brust legte, um sie dann in die Tasche zu stecken. Ein Lächeln, dann drehte der Papst sich um und marschierte zum Kater. Es war schon spät, der Wind hatte sich zu einem veritablen Sturm ausgewachsen und der Papst hatte keinen Mantel mehr. Zeit für die Rückkehr also.

Auf dem Heimweg begegneten ihnen glücklicherweise nur ein paar sympathische Trinker, die riefen: »Das ist der Papst! Der Papst macht einen Spaziergang!« Natürlich hörte keiner auf sie. Ohnehin stößt die Wahrheit nur bei den Wenigsten auf offene Ohren, daher bekamen die fröhlichen Zecher als Antwort nur ein paar deftige Beschimpfungen und einen Eimer Wasser ab, der sie nur knapp verfehlte.

Kater und Papst aber schafften es zeitig zurück in die päpstlichen Gemächer. Der Heilige Vater sagte kein Wort. Er ließ sich in seinem Sessel nieder und holte die vertrocknete Blume heraus, die ihm die Frau geschenkt hatte. Er sah sie an und erhob sich dann wieder, trotz seiner Müdigkeit. Er trat ans Fenster, wo er eine Weile stehen blieb und den Blick hinaus in die Dunkelheit richtete, aus der sie gerade gekommen waren.

»Macht es dir etwas aus, wenn ich ein bisschen schlafe? Ich bin ziemlich müde, aber ich werde dir nicht zu nahe kommen. Versprochen!«, meinte der Kater.

Der Papst hörte ihn gar nicht. Der Wind draußen pfiff ein schauriges Lied, die Fontänen der Brunnen schwankten wie in einem irren Tanz. In der Ferne heulten die Hunde im Dunkeln und der Papst am Fenster zitterte, aber nicht vor Kälte.

9

Der Papst beobachtete den Kater, der auf dem Teppich schlief.

Er musterte ihn eingehend, und obwohl der Kater von der Welt unbekümmert selig schnurrte, war es der Papst, der sich beobachtet fühlte. Ein Gefühl, als wäre er … nackt. Ohne sein langes weißes Gewand, vollkommen schutzlos. Was hatte der Kater da angestellt? Er hatte ihn gezwungen, den Blick nach draußen zu richten und dabei in sich selbst hineinzuschauen. Sich selbst zu sehen, und was er dabei entdeckt hatte, gefiel ihm ganz und gar nicht. Was war denn noch übrig von dem starken, mutigen Mann von einst? Ein alter Mann, der sich vor allem und jedem fürchtete, der resigniert hatte. Der Hirte, der Vater aller Menschen. Nicht mehr der Leuchtturm für jene, die ihren Weg suchen, sondern ein schwaches Licht, dessen Flamme der erste Windstoß auslöschen würde.

Er war ängstlich, aber auch unglaublich müde, und so ließ er sich aufs Bett fallen. Er konnte sich nicht mehr auf den Beinen halten und schloss die Augen. Wenigstens eine Minute des Friedens. Um Reißaus zu nehmen.

Am Morgen, als sich die ersten Sonnenstrahlen durchs Fenster stahlen, waren Papst und Kater wach. Sie sprachen nicht, sondern verweilten in der Stille.

Der Kater ließ den Blick immer wieder über die verschmutzten Schuhe des Papstes wandern, und eine gewisse Befriedigung breitete sich auf seinem Gesicht aus.

Mit einem Mal fasste der Papst sich ein Herz und fragte: »Warum sind wir gestern Abend ausgegangen?«

»Na endlich. Ich dachte schon, du hättest die Sprache verloren. Ich habe dich doch vor Kurzem gefragt, ob du glücklich bist. Erinnerst du dich?« Der Papst versuchte, sich aus dem Sessel zu stemmen, in dem er sich nach dem Aufstehen niedergelassen hatte. Er wollte sich verteidigen. »Aber es ist doch nicht meine Schuld, dass ich hier lebe, mit einem Dach über dem Kopf und einer warmen Mahlzeit, wann immer ich sie will.«

»Entschuldigung!«, warf der Kater ein. »Bitte antworte auf die Frage: Bist du glücklich?«

Wie bestellt klopfte es an die Tür. Dieses Mal bewahrte das Eintreten des Kammerdieners den Papst vor einer unbequemen Antwort.

»Darf ich, Eure Heiligkeit?«

Der Kater zog sich hinter den Vorhang zurück, denn der Prälat stand schon im Zimmer.

»Wie fühlt Ihr Euch heute Morgen? Guten Tag!« Natürlich entdeckte der Kammerdiener sofort die schmutzigen Schuhe, die neben dem Bett standen. »Eure Heiligkeit, Ihr treibt mich wirklich zur Verzweiflung. Wo wart Ihr denn bloß? Seid Ihr auch heute Nacht wieder in den Garten gegangen, wo es doch so kalt und windig war? Ich sage es noch einmal: Es ist für Eure Gesundheit nicht gut, wenn Ihr allein im Dunkeln seid, schon gar nicht, wenn es draußen so nass ist ... Ich lasse gleich die Ärzte holen. Legt Euch wieder ins Bett. Hoffentlich habt Ihr euch keine Erkältung zugezogen!«

»NEIN!«, donnerte die Stimme des Papstes.

Verblüfft blickte der Kammerdiener auf.

»Keine Ärzte«, fuhr der Papst fort. »Lasst doch endlich einmal Ärzte, Erkältungen und meine Schuhe ...« Der Papst schlug einen sehr strengen Ton an, was für alle neu war, vor allem aber für den Kammerdiener. »Vielmehr habe ich mich gefragt ... ob man unsere

Gärten nicht fürs Publikum öffnen könnte? Sie sind doch unglaublich schön. Aber wer sieht sie denn schon? Scheint Ihnen das nicht auch unsinnig? Ich dachte, das ließe sich wohl machen. Wer sich den Eintritt nicht leisten kann, kommt umsonst herein und kann die Gärten, die Museen und diese wunderbaren Werke ansehen. Wer hingegen genug Geld hat, zahlt Eintritt. Und mit diesem Geld können wir dann eine Armenspeisung finanzieren. Eine lange Tafel, an der sie alle beisammen sitzen. Ich komme dann vorbei, um alle zu begrüßen, mit den Kindern zu reden und ihnen ein schönes Gleichnis vorzutragen.«

»Wollt Ihr vielleicht auch am Tisch servieren?«, versetzte der Kammerdiener.

Der Papst überhörte den beißenden Sarkasmus und lächelte: »Aber ja doch. Mit Vergnügen.«

»Eure Heiligkeit, ich weiß wirklich nicht, was ich sagen soll …«

»Was gibt es da auch groß zu reden? Ich jedenfalls rede nicht mehr darüber. Das sind Dinge, die getan werden müssen. Also machen wir uns an die Arbeit.«

Dabei ging dem Kammerdiener einiges im Kopf um. Er hielt das für ausgemachten Schwachsinn, der nur der Fantasie eines schwachsinnigen Alten entspringen konnte. Aber das zu sagen, war gewiss auch keine Lösung. Er musste das indirekt angehen. Außerdem musste man Verrückten ihren Willen lassen. Er wusste ja nicht, dass sich die traurigen und hässlichen Seiten des Lebens ohne eine gewisse Tollheit nie ändern würden.

»Eure Heiligkeit, darf ich mich einen Augenblick zu Euch setzen? Ich halte das auch für eine großartige Idee, aber …«

»Aber …?«

»Eure Heiligkeit, Ihr seid mittlerweile in die Jahre gekommen, vielleicht ein bisschen zu sehr. Ihr seid viel zu erschöpft, um solch eine Aufgabe bewältigen zu können … Außerdem kann eine so weitreichende Entscheidung nicht nur von uns beiden getroffen werden. Da braucht es eine ganze Reihe von Genehmigungen, Bescheinigungen und auch der Wachdienst muss informiert werden … Wir werden also eine Generalversammlung einberufen müssen, mit allen Kardinälen, dem Sicherheitsdienst und dem Wachdienst … Und das ist noch nicht alles, auch wenn ich Euch hier nicht langweilen möchte. So einfach, wie Ihr das darstellt, lässt sich das nicht verwirklichen.«

Der Kammerdiener nutzte das kurze Zögern des Papstes aus und landete seinen letzten Treffer.

»Außerdem müssen wir vorher mit den Professoren und Ärzten sprechen, mit Euren Spezialisten, und fragen, ob Eure Gesundheit das zulässt.«

»Jetzt lasst mal meine Gesundheit aus dem Spiel. Ich werde mit den Ärzten reden. Seit Jahren habe ich mich nicht mehr so gut, so voll Kraft gefühlt.«

»Oh, das freut mich natürlich sehr, Eure Heiligkeit. Aber das ändert natürlich nichts daran, dass dazu ein Genehmigungsverfahren erforderlich ist.«

Mittlerweile war dem Papst klar, dass der Kammerdiener, seit er die Schwelle zu seinen Räumen übertreten hatte, nichts anderes versucht hatte, als dem wahnwitzigen Vorschlag des alten Irren den Wind aus den Segeln zu nehmen.

Die beiden verabschiedeten sich und der Kammerdiener eilte unter wortreichen Ehrbezeugungen aus dem Zimmer.

Der Papst hing seinen Gedanken nach, aber schon wenige Minuten später machte es vor der Tür *Krachbumm*! Dem folgte ein lautes Jammern und Stimmengewirr. »Schnell, einen Arzt! Holt einen Arzt! Herrje, er wird sich doch nicht das Bein gebrochen haben …«

Eine Sekunde später tauchte das verschmitzte Katzengesicht wieder auf.

»Ach, du bist also noch da? Was war denn das für ein Krach draußen auf dem Flur?«, fragte der Heilige Vater.

»Ich fürchte, der Kammerdiener ist über etwas gestolpert und die Treppe hinuntergefallen.«

»Wie bedauerlich …«, meinte der Papst.

»Ja, sehr bedauerlich«, meinte auch der Kater.

10

Der Papst wartete einige Tage ab. Konnte es denn wirklich so schwer sein, Gutes zu tun, ganz konkret? Eine Suppe für die Hungrigen, ein Dach für die Frierenden, ein Lächeln für die Einsamen. Er sah seinen Terminkalender durch: ein Gespräch mit dem Präsidenten von irgendwo, offizielle Gespräche mit dem oder jenem Minister, und alldieweil war da draußen die Welt, die auf ihn wartete. Also beschloss er, sein Vorhaben im Alleingang anzupacken.

Das Projekt war schön, einfach und klar. Er schrieb alles Nötige auf und machte sich auf, um das Papier an die richtige Adresse zu bringen. Er wollte den Vorschlag offiziell machen, damit niemand so tun konnte, als hätte es ihn nie gegeben. Natürlich hatte er keine Ahnung, dass es so schwer war, Zugang zu einem Büro zu bekommen, dessen oberster Vorsteher immer noch er selbst war. Zumindest in der Theorie.

»Ihr wünscht bitte?«, fragte der Mann an der Tür.

»Guten Tag. Ich möchte einen Wunsch zu Protokoll geben.«

Der Angestellte sah ihn an, als würde er auf etwas warten.

»Ich bin der Papst«, fügte der Heilige Vater hinzu, obwohl das ja schließlich jeder sah.

»Ja, ich weiß, wer Ihr seid, aber … Aber ich muss einen Ausweis sehen. Habt Ihr einen bei Euch?«

»Ehrlich gesagt nein, ich dachte nicht, dass das nötig wäre.«

»Aber Eure Heiligkeit! Es ist Gesetz, dass jeder hier sich ausweisen können muss, wusstet Ihr das nicht? Wenn Ihr also ins Büro für Protokollfragen wollt, dann müsst Ihr Euren Ausweis hier lassen, im Sekretariat. Das ist so festgelegt.«

»Gut, dann weiß ich ja Bescheid. Aber könnten Sie mir nicht die Mühe ersparen, in meine Räume zurückzukehren, um den Ausweis zu holen? Ich könnte ja hier ein Dokument unterzeichnen, mit dem ich bestätige, dass ich wirklich der Papst bin?« Und er lächelte.

Der Angestellte lächelte ebenfalls.

»Das wäre vielleicht eine Lösung.«

»Gut«, meinte der Papst.

»Aber natürlich müsst Ihr das beglaubigen lassen.«

»Und von wem?«

»Nun, von Eurem Privatsekretär. Der kennt Euch ja. Es könnte ja sein, dass Euer Anliegen keinen triftigen Grund hat. Das versteht Ihr doch, oder?«

Der Papst wurde allmählich ungeduldig, aber aus irgendwelchen Gründen verliert der Pontifex maximus nie die Geduld. Also hakte er nach, ohne allzu energisch zu werden.

»Wartet hier, ich frage bei meinem Vorgesetzten nach.«

Der eifrige Angestellte verschwand hinter der Tür und ließ den Papst etwa zehn Minuten auf den Schiedsspruch warten. Schließlich aber kehrte er strahlend zurück, als habe er den Stein der Weisen entdeckt. »Also, dieses Mal, und wirklich nur dieses eine Mal, drücken wir ein Auge zu. Ihr müsst nur das Formular ausfüllen.«

»Welches Formular?«

»Das Formular zur einmaligen Selbstauskunft, mit dem Ihr bestätigt, dass Ihr der Papst seid.«

»Perfekt.«

Der Angestellte fing an zu suchen. Er blätterte in dicken Ordnern und zog da und dort Schubladen auf. Am Ende aber meinte er entmutigt: »Eure Heiligkeit, heute ist wirklich nicht Euer Glückstag. Die

Formulare sind uns ausgegangen. Das ist nicht weiter schlimm, ich schicke einen Kollegen los in die Kanzlei, um eines zu holen. Verzeiht bitte.«

Mittlerweile hatte der Papst Mühe, an sich zu halten.

»Aber kann ich denn nicht einfach auf ein Blatt Papier schreiben, dass ich der Papst bin, und meine Unterschrift daruntersetzen? Von mir aus auch zweifach. Seine Heiligkeit bestätigt, Seine Heiligkeit zu sein.« Und er lächelte höflich.

Der Angestellte aber sagte: »Ihr beliebt wohl zu scherzen? Auf einem normalen Blatt Papier? Das ist doch kein Formular! Wir brauchen das richtige Formular, das ausgefüllt, unterschrieben, abgestempelt und abgelegt werden muss. Denn sollte sich eines Tages herausstellen, dass Ihr gar nicht der Papst seid, wie stehe ich denn dann da?«

»Du meine Güte! Dann warten wir halt auf das Formular. Ich möchte Sie natürlich nicht in Schwierigkeiten bringen.«

Die Prozedur dauerte: erst das Formular holen, warten, bis das wertvolle Dokument endlich da war, dann ausfüllen und schließlich unterschreiben. Das dauerte eine gute Stunde, aber der Papst wollte nicht nachlassen. Er sagte sich, dass es die Mühe wert war, wenn er dadurch seine Idee voranbringen konnte.

»Gut, da jetzt geklärt ist, dass ich zweifelsohne der Papst bin, kann ich also ins Büro eintreten, um mein Vorhaben zu Protokoll zu geben?«

Der Angestellte war sich nicht sicher, ob das ein Scherz sein sollte, daher lächelte er vorsichtshalber. Dann aber geleitete er den Papst in die Amtsstube. Dort saß ein Mann, der sehr viel älter war als er selbst. Ganz klein saß er hinter Stapeln von Akten und Papieren. Und er sah nicht einmal auf.

»Bitte sehr?«

»Ich möchte, ein Anliegen zu Protokoll geben und es quasi offiziell machen. Es geht um ein wichtiges Projekt, das ich selbst ausgearbeitet habe.«

»Und Ihr seid bitte wer?«

Sich seiner kostbaren Selbstauskunft sicher, antwortete der Pontifex trocken: »Der Papst.«

Der verantwortliche Beamte schoss von seinem Stuhl hoch wie ein Schachtelteufel und schenkte seinem Gesprächspartner ein breites Lächeln. »Eure Heiligkeit! Welche Ehre! Verzeiht bitte, dass ich Euch nicht sofort erkannt habe. Aber Ihr seht ja, wie viele Akten hier liegen und darauf warten, dass wir sie endlich öffnen, bearbeiten, beurteilen und abstempeln können.« Glücklicherweise schienen ihm an diesem Punkt die Verben auszugehen.

»Ich sehe, dass ihr viel zu tun habt, und kann mir kaum vorstellen, was das alles mit sich bringt. Ich danke euch sehr für euren Einsatz.«

»Aber Eure Heiligkeit, was kann ich denn für Euch tun?«

»Ich habe da dieses Projekt ausgearbeitet und möchte, dass es ins Protokoll aufgenommen wird, damit es aktiv umgesetzt wird. Sagt man das so? Ich weiß das nicht so genau. Sagt man das?«

»Lasst einmal sehen.« Der Mann nahm das Blatt Papier aus der Hand des Papstes entgegen, setzte die Brille auf die Nase und las jede einzelne Zeile genau durch. Während er las, sagte er immer wieder: »Schön. Sehr schön. Wirklich sehr, sehr schön.«

»Danke«, antwortete der Papst, der sich endlich verstanden fühlte.

»Sehr schön, aber damit ist es leider noch nicht getan.«

Das Lächeln des Papstes erlosch. Er sah den Mann ungläubig an. »Stimmt etwas nicht?«

»Eure Heiligkeit wird mir verzeihen, aber hier stimmt gar nichts. Für ein Projekt dieser Größenordnung sind mehrere Steuermarken erforderlich. Und Ihr müsst das entsprechende Büro benennen, das damit befasst ist, sowie die nötigen Anlagen beibringen. Ihr habt ja nicht einmal die Anlagen mitgebracht.«

»Nun, alles schön der Reihe nach«, meinte der Papst. »Welche Steuermarken brauchen wir denn?«

»Die Marke, die eine Anfrage wie die Eure an dieses Büro gültig macht.«

Der Papst fing an zu fauchen wie ein Kater, der gleich zum Kampf übergeht.

»Aha. Und wer verteilt diese ver …« Fast hätte er »verwünscht« gesagt, konnte sich aber gerade noch zurückhalten. »Wer verteilt diese Steuermarke?«

»Was für eine Frage! Natürlich das Büro für Steuermarken!«

»Ich verstehe. Und wo finde ich das?«

»Eure Heiligkeit, das dürft ihr mir jetzt nicht übel nehmen, aber es ist vorgestern verlegt worden.«

Der Papst schloss ergeben die Augen. *Nur die Ruhe,* sagte er sich. Er war sich nicht mehr so sicher, dass Höflichkeit die Tugend der Starken war, aber er wollte auf jeden Fall ruhig bleiben.

»Und wohin? Wohin ist es verlegt worden?«

»Leider haben wir darüber noch keine offizielle Mitteilung erhalten. Und inoffiziell … Nun inoffiziell bin ich nicht berechtigt, Euch darüber Auskunft zu geben.«

»Nicht einmal dem Papst?«

»Nicht einmal dem Papst.«

Sollte er nun weinen oder lachen? Ihm fiel der komische Spruch ein, den er schon als Kind nicht lustig gefunden hatte: »Der Hauptamtsgehilfe im Hauptamt übt hauptamtlich leider kein Amt aus.« Seit 20 Minuten versuchte man auf offiziellem und inoffiziellem Wege herauszufinden, wo das Steuermarkenbüro war. In der Zwischenzeit war er noch keinen Millimeter weitergekommen. Und doch gab es schon tausend Fallstricke.

Mit einem Mal fühlte er sich ganz verloren, in diesem Büro. Einen Augenblick lang überlegte er, ob vielleicht der Kammerdiener dahintersteckte, aber er schämte sich sogleich dafür. Er dachte doch sonst nie schlecht von anderen Menschen.

War das wirklich alles so schwierig? Gutes zu tun? Konnte das sein?

Oder vielleicht war es ja alles ganz in Ordnung? Seine Zeit war vorüber. Er war alt, müde, krank. Vielleicht war das einfach nicht mehr seine Aufgabe. Er musste sich mühen, seinen Terminkalender abzuarbeiten und ein gutes Beispiel geben, ohne auf die Ideen, Fragen und Fantastereien dieses schwarzen Katers zu achten. Matt verabschiedete er sich vom Bürovorsteher und ging. Dieser lief ihm noch nach: »Eure Heiligkeit, nehmt Eure Papiere mit!«

»Werft sie weg«, versetzte der Papst, ohne sich auch nur einmal umzudrehen. Dann schlurfte er mit gesenktem Haupt in seine Gemächer zurück.

11

»Einer meiner Freunde meinte immer, es fehle uns keineswegs an Zeit. Vielmehr nutzen wir sie nur schlecht.«

Der Kater tauchte urplötzlich im Arbeitszimmer des Papstes auf. Der begrüßte ihn mit einem wenig begeisterten: »Ciao!«

»Was hast du gesagt?«

»Nun, dass es Unsinn ist, dass wir zu wenig Zeit haben.« Der Kater sprang auf den Schreibtisch und spielte mit dem Leseband im Terminkalender. »In Wirklichkeit verschwenden wir unsere Zeit meist auf unwichtige Dinge.«

»Bitte, geh da runter.«

»Gut, ich gehe schon.«

Der Kater blieb vor dem Papst sitzen.

»Kann ich mal mit dir reden? Schon gut, ich gebe mir die Antwort selbst: Ja. Also: Was haben wir kürzlich auf der Straße entdeckt? Dass die Armen nicht nur zu Weihnachten arm sind. Ist dir schon mal aufgefallen, dass zu Weihnachten alle unbedingt Geld spenden wollen? Da fühlen wir uns dann als gute Menschen, und damit ist es auch schon getan. Und was ist am 27. und 28. Dezember? Die Armen sind auch im August arm, bist du da nicht meiner Meinung? Gut. Warum habe ich dich wohl gebeten, diese Ausflüge durch deinen wunderbaren Palast zu machen? Weil all die Schönheit, Weisheit, all der Friede und die Gerechtigkeit hier ihre Bedeutung verlieren, wenn ein paar Meter weiter Menschen auf der Straße schlafen.«

»Was willst du eigentlich von mir?«

»Die Welt muss so schön werden wie deine Gärten. Denn die ganze Erde ist heilig, und in jedem Winkel der Schöpfung sollen Männer, Frauen und Kinder Glück erfahren. Mit dem Glück ist es wie mit dem Brot: Man muss es teilen und allen zur Verfügung stellen. Denk doch nur, wie schön es wäre, wenn wir alle die Hüter des Glücks für unsere Mitmenschen wären. Nein, denk nicht, ich würde dich bitten, deine Religion abzulegen. Ich sage dir nur, dass du gehen solltest.«

Der Papst sagte kein Wort. Er sah den Kater nur an. Dann ergriff er das Wort: »Aber wohin denn?«

»Wirf den Terminkalender weg und mach dich auf

den Weg. Die Welt ist nur für jene rund und glatt, denen es gut geht. Alle anderen treten sich Dornen ein: die Ausgebeuteten, die Unterdrückten, die in eine Welt geboren werden, die ihnen nur die Wahl lässt, weiter zu den Unglücklichen zu gehören. Ich will nicht sagen, dass du Wunder wirken musst. Ich bitte dich nur, den Schmerz aller zu umarmen. Man muss kein Heiliger sein, um seinen Mitmenschen die Hand zu reichen. Das kann nämlich jeder.«

»Ich bin …«

»Alt? Wolltest du das sagen? Nein, du bist nicht alt. Alt sind nur die Leute, die nur noch sich selbst hören wollen. Aber wenn du wirklich auf deinem Alter beharrst, sollst du wissen, dass es nie zu spät ist, um einen neuen Versuch zu wagen. Und dein Herz ist nicht krank, es ist nur müde, weil es resigniert hat. Aber diese Krankheit ist heilbar. Und das weißt auch du!«

»Und was soll ich deiner Ansicht nach tun?«

»Gib dir doch eine zweite Chance. Damit gibst du sie auch jenen, die jetzt noch die Hoffnung hüten, trotz allem.«

Der Papst fühlte sich in die Enge getrieben.

»Ich bin nicht bereit dafür. Die Welt ist nicht bereit dafür.«

Der Kater brach in Gelächter aus. »Wenn die Welt bereit wäre, wäre ich da zu dir gekommen? Wirklich nicht! Und was soll das überhaupt heißen: bereit sein? Wir sind nie bereit! Bereit, geboren zu werden? Zu sterben? Einen geliebten Menschen zu verlieren? Sind wir dazu bereit? Wir sind nicht mal bereit zum Glück, wenn man uns ein Geschenk macht. Und ist die Welt vielleicht bereit für uns, wenn wir geboren werden? Vor allem aber: Ist sie bereit, dir zuzuhören? Nein. Eben deshalb musst du ja losziehen. Vermutlich wirst du vielen Menschen sagen, was sie nicht hören wollen. Aber vergiss eines nicht: Du darfst nicht den Magen der Leute ansprechen. Der Magen wird gefüllt mit Essen, das redlich verdient wurde, ohne Lügen. Du aber wirst zum Geist der Menschen sprechen, zu ihrer Seele, und diese Leute werden mit dir kommen. Du musst an alle Türen klopfen, eine nach der anderen. Der eine wird dir öffnen, die andere nicht. Aber immerhin zwingst du die Menschen so, sich zusammenzuschließen. Die Gleichgültigkeit ist einfach viel zu bequem!«

»Ich bin doch kein Revolutionär!«

»Bist du da wirklich sicher?« Das Gesicht des Katers verfinsterte sich. »Aber die Liebe ist es. Die Liebe ist revolutionär. Die Liebe ist nie gleichgültig. Sie steht immer für eine Seite ein. Steht das nicht in all deinen Büchern?«

»Ich werde mir doch von dir nicht sagen lassen, was ich zu tun habe. Schluss jetzt! Sag mir nur noch eines, da du ja ohnehin alles zu wissen scheinst: Und wenn ich scheitere? Und wenn ich es nicht schaffe?«

»Hört denn ein Arzt auf zu praktizieren, wenn einer seiner Patienten stirbt? Nein, er nimmt sich all der anderen Menschen an, die krank sind. Du hättest gerne die Gewissheit, dass du die Welt heilen kannst? Tut mir leid. Nichts zu machen. Du willst wissen, ob du Kriege aufhalten kannst? Keine Ahnung. Aber ist das etwa ein Grund, um nicht mehr gegen den Krieg zu kämpfen, weil er niemals eine Lösung ist, sondern nur der Anfang vom Ende? Aber wenn du es unbedingt hören willst: Du wirst scheitern! Aber du warst wenigstens der Stein des Anstoßes, der Stein, der dafür sorgt, dass auf der Wasseroberfläche Kreise entstehen, die sich ausbreiten. Alle Kreise, die du erzeugst, werden in deine Richtung gehen. Also?«

»Ich habe Angst. Bitte, lass mich in Frieden. Ich habe einfach Angst.«

»Wovor?«

»Ich will nicht zur Lachnummer der ganzen Welt werden oder meine Tage im Irrenhaus beenden. Dann heißt es ja doch nur, ich sei ein alter Trottel, ein gefährlicher Irrer. Hinter meinem Rücken werden sie mich auslachen oder schlimmer noch, mich beseitigen.«

»Ja«, antwortete der Kater leise und richtete den Blick auf das Kreuz, das an der Wand hing. »Solche Dinge sind schon vorgekommen.«

Im rechten Auge des Katers bildete sich eine winzige Träne. Als sie langsam größer wurde, fiel sie zu Boden, auf den spiegelglatten Boden, und rollte direkt vor die Füße des Papstes, vor seine glänzende Schuhspitze. Die beiden sahen sich lange an.

»Ich schaffe das nicht. Ich bekomme es einfach nicht hin«, sagte der Heilige Vater. »Ich bitte dich, geh.«

Wenn man sie enttäuscht, dann ziehen die Katzen sich zurück.

Und tatsächlich ging der Kater fort.

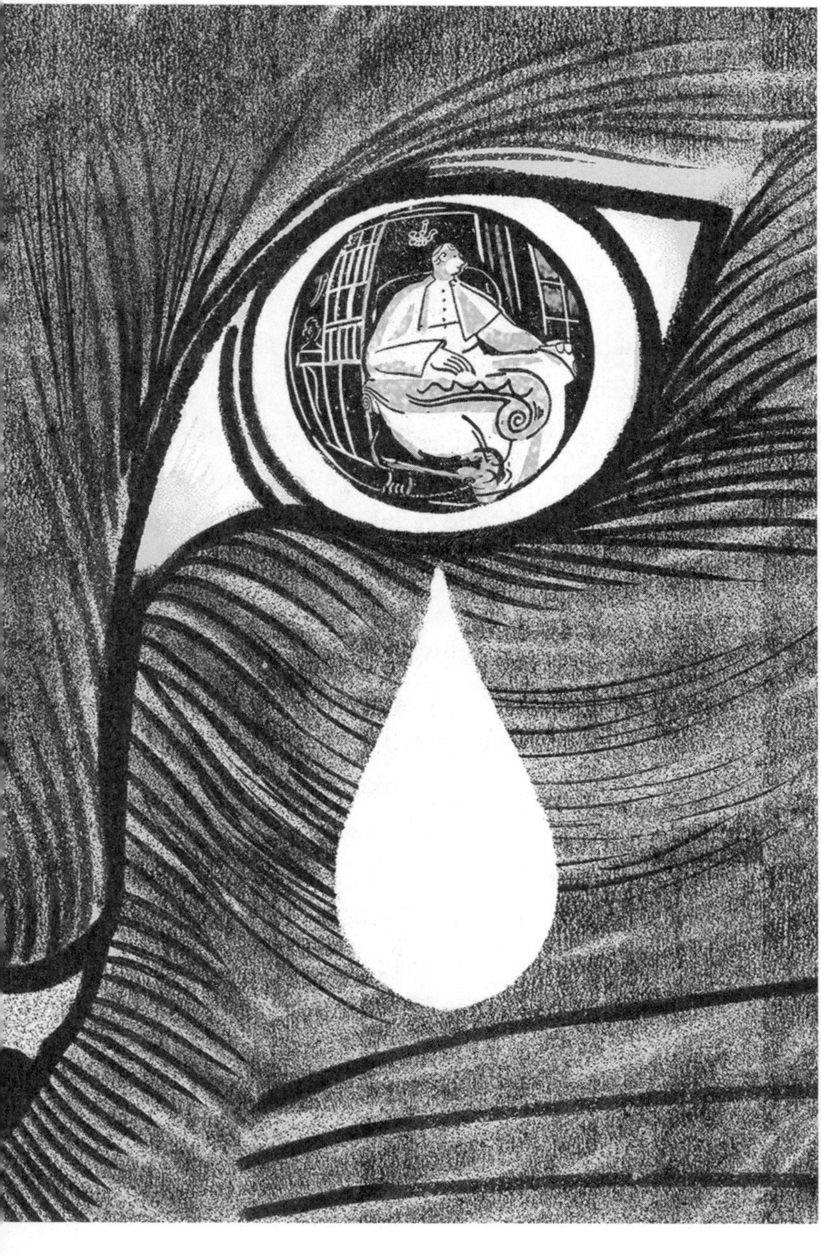

12

Die Nacht fand kein Ende.

Die Zeiger der Uhren schienen wie aus Blei. Der Papst lag wach. Er versuchte zu schlafen, aber in dieser Nacht schien ihm seine Ruhestätte wie ein verrostetes Nagelbrett. Also stand er auf, ging ein paar Schritte auf und ab, trat ans Fenster, sah hinaus. Dann guckte er hinter die Vorhänge in der Hoffnung, dahinter die glänzenden Augen des schwarzen Katers zu entdecken.

Nichts.

Wieder und wieder kehrte er ans Fenster zurück. Aber es waren nur die dunklen, tief hängenden Wolken zu sehen. Unter der Last seiner Gedanken kam er sich vor wie ein Richter, der bald in den Gerichtssaal zurückkehren und sich überlegen musste, was in dem verhandelten Fall das Beste war.

Auch der Kater beobachtete den Himmel.

Er war auf die Piazza der Katzen zurückgekehrt und hatte sich, zusammen mit Viktoria, einen Platz unter einem Vordach gesucht.

»Düstere Gedanken, hm?«, fragte sie unvermittelt, um das Schweigen zu brechen.

»Ich warte auf eine Antwort, die morgen erteilt werden wird.«

»Wäre es da nicht besser, du schläfst ein bisschen, während du wartest?«

Der Kater antwortete nicht.

»Na gut«, meinte die Katzendame. »Dann wachen wir eben gemeinsam. Unter Freunden macht man das so.« Sie sagte das, als wäre es die normalste Sache der Welt. Unter anderen Umständen hätten die beiden ein wunderbares Paar abgegeben und viele süße Kätzchen bekommen, die sie gemeinsam aufgezogen hätten. Einige schwarz wie der Kater, andere mit dem verkürzten Schwanz und den grün-goldenen Augen der Kätzin. Diese Nacht aber war die letzte gemeinsame vor ihrer Trennung. Die Nacht vor der allerwichtigsten Prüfung, vor dem Urteil des Arztes, vor dem Aufbruch des Soldaten, den er am liebsten bis zum Sankt-Nimmerleins-Tag aufschieben würde. Die Nacht, in der die Mutter schreiend in den Wehen liegt, bevor sie ihr Kind zur Welt bringt. Die Minuten, die Stunden folgen aufeinander, aber auch wenn der Zeiger der Uhr unaufhörlich vorrückt, so kommt er doch nie irgendwo an.

So eine Nacht war das.

Vielleicht noch schlimmer.

Hin und wieder hob Viktoria, die nicht einschlafen wollte, den Blick und sah ihn unter halbgeschlossenen Lidern an. Da saß er nun, wach und den Blick in die Ferne gewandt. Im Laufe der Jahre waren viele merkwürdige Katzenpersönlichkeiten in ihrer Gemeinschaft aufgetaucht. Niemand aber war wie er, der aus unerfindlichen Gründen quasi aus dem Nichts aufgetaucht war und mit allen zurechtkam. Innerhalb weniger Tage war er zum Freund des Papstes geworden und hatte Viktorias Vertrauen gewonnen. Sie hatte sich sofort auf diesen Kater verlassen, der keinerlei Ähnlichkeit mit anderen Katzen zu haben schien. Wenn er mit ihr sprach und ihr dabei tief in die Augen sah, wusste sie, dass sie ihm vertrauen konnte. Viktoria wehrte sich gegen den Schlaf, weil sie ihn mit seinen Sorgen nicht allein lassen wollte. Aber kurz bevor der Morgen dämmerte, nickte sie doch ein und fiel in den tiefen Schlaf der Katzen, die alles hinter sich lassen und in ihre ganz eigene Welt eintauchen können.

Als die Sonne langsam an den Himmel stieg, sprang der schwarze Kater auf eine zerbrochene Säule und sah sich um. Alle schliefen. Er ließ seinen Blick über sie wandern und bedankte sich bei jedem einzelnen für die Gastfreundschaft. Versehrt, störrisch, halb kahl und bereit, um jeden Bissen Futter zu kämpfen. Aber sie hatten ihn, den Fremden, in ihre Mitte aufgenommen.

Er sprang von der Säule herunter und schnürte hinüber zur schönsten Katzendame der Welt, um ihr ins Ohr zu flüstern: »Viktoria, Viktoria.«

Sie richtete sich unvermittelt auf, als drohe von irgendwoher Gefahr.

»Nur die Ruhe. Ich bin's.«

Die Katze dehnte und streckte sich elegant, dann aber veränderte sich ihr Gesichtsausdruck.

»Dein Blick gefällt mir nicht«, sagte sie.

»Welcher Blick denn?«, antwortete er. Aber er wusste, worauf das Gespräch hinauslief.

»Du schaust, als würdest du fortgehen. Schau mir in die Augen. Was auch immer passiert, ich weiß, dass du weggehen wirst.«

»Ja, das stimmt«, antwortete der Kater nach einer Weile. »Deshalb habe ich dich geweckt. Ich wollte mich verabschieden und bedanken. Und sind das nicht unsere Regeln? Wenn einer plötzlich verschwindet, gehen die anderen ihn suchen. Und ich möchte nicht, dass ihr euch Sorgen um mich macht. Vor allem du nicht.«

Er hatte gehofft, ihr ein Lächeln zu entlocken, aber davon war nichts zu sehen.

Viktoria ging auf ihn zu, und ihre wunderschönen Augen wechselten die Farbe. »Ich möchte dir eine Frage stellen, aber sag bloß nicht: ›Das verstehst du nicht!‹ oder ›Es liegt nicht an dir, sondern an mir!‹.«

Der Kater sagte nichts. Er wandte den Kopf ab, um Viktoria nicht mehr in die schönen Augen blicken zu müssen. Dann kam die Frage: »Wirst du zurückkommen? Irgendwann? Werden wir uns wiedersehen?«

Der Kater überlegte kurz. »Darf ich dir mit einem Versprechen antworten? Ja, ich verspreche dir, dass wir uns eines Tages wiedersehen werden. Ich und du. Wir werden uns wiedersehen, in diesem Leben oder in einem anderen.«

»Nun ja, wir Katzen haben ja sieben Leben«, entgegnete Viktoria.

»Wie bitte? Ach ja, genau. Sieben Leben oder vielleicht noch das ein oder andere mehr. Oder schöner.«

»Nun geh. Geh jetzt. Niemand hat mich je weinen sehen, und das soll auch heute so bleiben.«

Ihr Blick folgte ihm bis zu der Treppe. Dann flüsterte sie leise: »In diesem Leben oder einem anderen.«

13

Der Papst schlief erst im Morgengrauen ein, und auch da nur für ein paar Minuten. Er schloss die Augen unter dem Gewicht einer grenzenlosen Müdigkeit, der ewigen Müdigkeit eines ganzen Lebens und einer noch längeren Nacht.

Der Kammerdiener trat ein, ohne anzuklopfen. Geschniegelt und gestriegelt, die Augenschlitze hinter der Brille verborgen setzte er ein breites Lächeln auf, das jedoch die Herzen nicht erwärmen, sondern auf Eis legen könnte.

»Guten Tag, Eure Heiligkeit, wie fühlt Ihr Euch denn heute? Heute ist ein Feiertag. Der große Tag ist angebrochen. Seid Ihr bereit?«

»Ich habe nicht viel geschlafen.«

»Hmm. Das ist natürlich gar nicht gut«, sagte er, als rede er mit einem Kind, noch dazu mit einem wenig verständigen. »Heute müsst Ihr von der Loggia herab Eure Rede für die Gläubigen halten. Dann werdet Ihr die Kongregationen empfangen. Der Platz hat sich schon gefüllt. Man erwartet Euch. Alle warten auf Euch. Heute ist Kranksein verboten.«

Dass unsympathische Zeitgenossen plötzlich nett tun, sollte verboten werden.

Der Papst hatte nicht die Kraft, dem Kammerdiener die gebührende Antwort zu geben. Er beschränkte sich einfach darauf zu tun, was man ihm sagte. Er nahm die Tabletten, die man ihm wohlgeordnet auf dem Silbertablett servierte. Er legte den Ornat an, den man ihm hingelegt hatte. Und die weißen Schuhe, die noch blanker gewienert waren als üblich. Dann nahm er die Blätter zur Hand, die ihm der Zeremonienmeister reichte.

»Ich habe mir erlaubt«, säuselte der Kammerdiener, »ein paar Passagen in Ordnung zu bringen. Wo es um die Hoffnung geht. Denn die Leute erwarten, dass Ihr von der Hoffnung redet«, fügte er hinzu und sah den Papst an. Dieser aber gab nur ein müdes »Ja« zur Antwort.

Von unten drang das Stimmengewirr der Menschen herauf, die auf dem großen Platz versammelt waren. Alles war bereit. Bald würde er vor der Menge stehen. Man würde ihn mit Beifall empfangen. Und er würde grüßen, lächeln und seine Rede vorlesen. Eigentlich ganz simpel, nicht wahr? Er ließ sich auf die Loggia führen. Er hob die Hand zum Gruß, wie er es immer getan hatte. Dann aber trat er plötzlich einen Schritt zurück, denn er merkte, dass er zitterte.

Die Rede lag vor ihm auf dem Pult. Er musste nur mit den Augen jeder einzelnen Zeile folgen und zu lesen beginnen.

Aber das gelang ihm nicht. Er blieb stumm und blickte nach unten. Hinschauen und sehen ist nicht dasselbe. Wie oft war er wohl schon auf diesem Balkon gestanden? Millionen Male. Im Laufe der Zeit hatte er aufgehört, hinzuschauen. Oder schlimmer noch: Er schaute hin, ohne zu sehen. Er versuchte es mit langsamem Durchatmen. Aber das Herz schlug ihm, als wäre es eine Pauke. Er tastete nach dem Taschentuch, um sich den Schweiß von der Stirn zu wischen. Dabei berührte er die Blume, die ihm die alte Frau geschenkt hatte. Er zog sie hervor und sah sie an. Sie war immer noch verknittert und verwelkt.

Da schloss er die Augen.

Die Menschen unten auf dem Platz verstanden nicht, was da vorging. Aber die Angst erstickte den Papst förmlich. Die furchtsamen Gedanken, gegen die er die ganze Nacht angekämpft hatte, überrollten ihn plötzlich. Und in eben diesem Moment ließ er los.

Er wusste, was er zu tun hatte.

Als er den Mund öffnete, ertönte donnernder Applaus. Der Papst würde endlich seine Rede halten. Doch der Heilige Vater senkte das Haupt und flüsterte ins Mikrofon: »Gott möge mir vergeben.«

Nichts weiter.

Er trat zurück in den Raum. Draußen klatschten sie noch immer. Sie riefen nach ihm, aber das hörte er schon gar nicht mehr. Weder die Menge noch den Kammerdiener, der papageienhaft wiederholte: »Eure Heiligkeit, was habt Ihr denn? Eure Heiligkeit?«

Er zog sich ohne jede Hilfe aus. Er legte den Ornat ab, in dem er die Festtagsrede hätte halten sollen. Am Ende trug er nur noch sein weißes Gewand. Da ging er zu dem kleinen Schrank hinüber, den er seit Jahrzehnten nicht mehr geöffnet hatte. Vermutlich redeten die Leute mit ihm, all die Ärzte, die Prälaten, der Zeremonienmeister. Sie suchten nach einer Erklärung, vor allem aber wollten sie ihn aufhalten. Der Pressesprecher des Papstes saß in der Ecke und warf eiligst eine Erklärung aufs Papier. Lauter schöne Phrasen und die ein oder andere Notlüge, um die Welt zu beruhigen: »… ein leichtes Unwohlsein des Heiligen Vaters lässt es im Augenblick nicht geraten erscheinen … bald wieder wie üblich, sobald er gesundet ist.«

In Wirklichkeit aber ging es dem Papst glänzend.

Er fühlte sich großartig. Also öffnete er den kleinen Schrank und fand auch tatsächlich, was er gesucht hatte. Da waren sie und hatten auf ihn gewartet. Alt und verstaubt, aber jederzeit bereit, ihn hinaus in die Welt zu begleiten: seine riesigen Stiefel, die er als junger Priester getragen hatte. Er strich über das narbige Leder und lächelte. Dann streifte er sie über. Kaum war er die blank geputzten weißen Schuhe los, fühlte er sich wie neu geboren. Wie der junge Priester in den Bergen, der in seiner Gemeinde alle Familien besuchte, gläubig oder nicht, nur um zu fragen: »Na, wie geht es euch?« Er dachte zurück an die Zeit, als er seine wertvolle Ausgabe der Heiligen Schrift gegen zwei Säcke Mehl eintauschte, um einer armen Familie zu helfen, ihre Kinder zu ernähren. Geld hatte er keines mehr. Eigentlich hatte er gar nichts, also gab er das einzig Kostbare, was ihm geblieben war. Die anderen Priester hatten ihm Vorwürfe gemacht, als sie es erfuhren. Und er entschuldigte sich mit dem Hinweis, dass das Buch jetzt ja wohl noch kostbarer sei, wo es geholfen hatte, hungrige Mäuler zu stopfen.

Eiligst band er sich die Schuhe zu. Er musste hier weg.

Er stieß alle Luft aus, die seine Lungen füllte, und erhob sich aus dem Sessel, der schon nicht mehr der seine war. Einen Augenblick blieb er mitten im Zimmer stehen. Er überragte sie alle, und rundherum hörte man auf zu reden. In seinen Augen spiegelte sich der Blick der Seefahrer, die den Anker lichten, obwohl sie nie sicher sein können, dass ihrer Fahrt ein gutes Ende beschieden ist.

Dann ging der Papst los. Er trat an seinen Schreibtisch, holte ein kleines Holzkruzifix heraus, das ihm ein alter Priester geschenkt hatte, warf noch einen Blick auf seinen Terminkalender und schlug ihn ein für alle Mal zu.

Und schließlich war er fort.

Durch Korridore, über unzählige Treppen, wobei sein Schritt immer leichter wurde. Zärtlich betrachtete er den Palast ein letztes Mal. Den Menschen, die aus den Büros traten, warf er ein schüchternes Lächeln zu. Und er sah sich um, immer in der Hoffnung, irgendwo den schwarzen Kater zu sehen. Aber nichts. Am Ende eines Korridors wartete ein großer Spiegel auf ihn. Beinahe erschrocken blieb er stehen, als er sich selbst darin sah. Dann aber lächelte er sich zu, denn endlich erkannte er sich wieder. Und er fing an zu lachen, denn wer ihm da entgegensah, war ein alter Revolutionär, der sich nicht geschlagen geben wollte. In den Kleidern des Papstes.

Dann stand er vor dem großen Tor, das ihn von seinen Anfängen trennte. Es war verschlossen und natürlich standen Wachen davor. Hinter ihm her kam der Kammerdiener, der buchstäblich die Treppen herunterstürzte. Plötzlich war Schluss mit dem vornehmen Getue. Keuchend und schwitzend schrie er: »NICHT ÖFFNEN!« Der Papst merkte, dass sich hinter ihm etwas tat, doch er drehte sich nicht um. Lächelnd trat er auf die Wachen zu, die sich von der kraftvollen Ausstrahlung dieses Mannes überzeugen ließen. Wenn jemand fortwill, dann kann man ihn nicht aufhalten. Das wäre so, als würde man versuchen, Wasser mit den Händen zu halten.

Und so gingen die Flügel des gewaltigen Tores auf wie die Kiefer eines Wales, und der alte Herr im weißen Gewand war endlich dort, wo er hinwollte und musste: auf der Straße, in der Welt, zwischen den Menschen, die seine Herde waren. Eine Herde aus unglücklichen, verzweifelten, hungrigen oder trotz allem fröhlichen Seelen.

Er trat auf den Platz hinaus und die Menge brach in Begeisterung aus. Man rief immer wieder seinen Namen und drängte zu ihm hin, überzeugt, dass er seine Rede gleich hier halten würde.

Doch er ging nur einfach fort und atmete dabei tief

ein und aus. Für den Moment ging es seinem Herzen gut. Er sah sich um, doch der Kater war immer noch nirgends zu sehen. Und so schlug er den Weg über die Prachtstraße ein, die er immer nur vom Fenster aus gesehen hatte, und schritt weiter.

Er ging einfach immer weiter, jetzt, wo er sich endlich auf den Weg gemacht hatte. Vor lauter Menschen sah er gar nicht, dass sich einige junge Priester ihm angeschlossen hatten, und auch einige Seminaristen mit ihren Rucksäcken. Ohne zu wissen, wohin er wollte oder warum, gingen sie mit ihm. Hin und wieder trat ihm ein Kind in den Weg und winkte. Aber es klangen ihm auch andere Dinge ans Ohr wie: »Was treibt er denn?« Und: »Wo will er denn hin?« Oder: »Was soll das? Was hat sich denn der Alte in den Kopf gesetzt?« Und natürlich: »Der ist wohl verrückt geworden?«

Da blieb er stehen, als hätte er sich verlaufen. Erschrocken, als wäre er gerade aus einem Traum erwacht, der zu groß war für ihn.

Ja, was tat er denn nun eigentlich?

Er sah sich um. Die Menschen sahen ihn an, das verstohlene Murmeln der Menge war ihm unerträglich. In eben diesem Moment erschien der Kater mitten auf der Straße.

Und er lächelte ihn an. »Jemanden zu verurteilen ist immer leichter, als zu versuchen, ihn zu verstehen. Hast du das schon vergessen? Solche Dinge wird man dir immer an den Kopf werfen, hunderte und tausende Male. Sie werden dir vorwerfen, dass du verrückt bist und vielleicht noch Schlimmeres. Das ist der Preis, den es zu zahlen gilt. Das weißt du doch. Deinen Weg gibt es nicht ohne Gegenleistung. Apropos Weg, dein Schnürsenkel ist aufgegangen.«

Die beiden sahen sich an, und niemand hätte sagen können, wie lange dieser Blick dauerte. Der Papst kniete langsam nieder, um sich die Schuhe zuzubinden. Diese Gelegenheit nutzte der Kater, um ihm sachte die Pfote an die Wange zu legen. Angesichts dieser unerwarteten Zärtlichkeit schloss der Papst die Augen. »Wen schert schon diese alberne Allergie«, dachte er und machte sich auf eine Niesorgie gefasst.

Aber er nieste nicht.

Zu seiner großen Überraschung merkte er, dass er nicht mehr niesen musste.

»Gute Reise«, flüsterte ihm der Kater ins Ohr. Der Papst öffnete die Augen, als wolle er etwas sagen. Aber der große schwarze Kater, der eines Nachts durchs geschlossene Fenster gekommen war, war nicht mehr da.

Ja, wirklich: Er war nicht mehr.

Nun müssen wir uns verabschieden. Wenn ihr mir bis hierher gefolgt seid, möchte ich euch wirklich danken. Danke!

Ah, und noch etwas. Wie wäre es, wenn wir einen Pakt schlössen? Solche Abmachungen können wirklich lustig sein. Wenn es einem von uns je passieren sollte, einer schwarzen Katze zu begegnen, gleich ob wir zu Fuß oder im Auto unterwegs sind, dann sollten wir stehen bleiben und ihr zulächeln, ohne jede Angst. Auch wenn sie sich nicht streicheln lässt, sollten wir die Augen schließen und hören, was sie uns zu sagen hat. Wenn wir darüber hinaus das Glück haben sollten, dass eine schwarze Katze an unsere Tür oder unser Fenster klopft, dann sollten wir ihr ohne zu zögern öffnen.

Denn vielleicht hat sie ja eine wichtige Botschaft für uns und wird uns eine wirklich gute Freundin oder ein guter Freund. Vielleicht ist die schwarze Katze ja sogar die Katze des Papstes …

DANK

Eine kleine und wahre Geschichte, ein bisschen unordentlich, und ein paar Dankesworte, die ich unbedingt noch loswerden möchte, bevor ich mich nach Hause verkrümle.

»Ach Papa, drehen wir doch noch eine kleine Runde, bevor wir heimgehen!« Ich war wohl so sechs oder sieben Jahre alt, als ich diese Worte aussprach. Immer wenn meine Familie mit mir ins Kino ging, ins Theater oder zum Pizzaessen, sagte ich hinterher dasselbe: »Ach, gehen wir doch noch ein bisschen spazieren. Ich will noch nicht nach Hause.«

Ich habe das Haus geliebt, in dem ich aufgewachsen bin. Was ich nicht ertrug, war dieses Gefühl von »Wir haben unseren Spaß gehabt. Jetzt gibt es nichts mehr zu sehen. Also gehen wir heim, putzen uns die Zähne und gute Nacht«. Nicht mit mir: »Ach, gewinnen wir doch den Dingen, die wir schon kennen, noch ein paar Minuten ab. Verschieben wir den Nachspann weiter nach hinten. Bestimmt gibt es da und dort noch anderes zu sehen.« Bei den Verhandlungen mit Papa ließ ich mich auch darauf ein, zwar nach Hause zu gehen, aber einen anderen Weg zu nehmen als üblich. Hauptsache, er dauerte ein bisschen länger.

Genau! Andere Wege wählen, sich nie an etwas gewöhnen, einmal in eine Straße einbiegen, die man noch nie genommen hat. Vermutlich sagen Sie jetzt: »Ja, aber was erwartest du denn da? Überraschungen? Du lebst in Rom, nicht im Dschungel oder in Tex Willers Wildem Westen.« Mag schon sein. Aber ich habe trotzdem immer die gleiche Frage gestellt. Manchmal setzte ich mich durch, manchmal nicht.

Die Jahre vergingen und schließlich (endlich, was meine Familie angeht) bekam ich den Führerschein. Die klassische Fahrzeugreihe: Mofa, Vespa, Auto. Endlich muss ich nicht mehr fragen, endlich kann ich auf jedem Weg nach Hause Straßen durchqueren, die ich nicht kenne. Nach den Proben am Theater, nach einer Party hieß es immer: »Flavio, entschuldige. Ich weiß ja, dass ich weit draußen wohne, aber könntest du mich nicht nach Hause fahren?« »Wieso weit? Steig ein.« Die Rückfahrt genoss ich schon im Voraus.

Ich allein, in der Nacht: Fahren, um die Gedanken zu wechseln wie den Gang.

An diesem Punkt würde Clara, der ich bald richtig danken werde, sagen: »Flavio, worum geht es dir denn? Komm auf den Punkt!«

Gut, ich komme auf den Punkt. Vor neun Jahren war ich auf dem Heimweg von der Arbeit. Es war vielleicht drei Uhr morgens. Kein Mensch auf der Straße. Wenn man so richtig langsam fährt, dann sieht man auch so einiges: Die Via della Conciliazione, die auf den Petersplatz führt, ist für den Verkehr freigegeben! Also den Tiber entlang und wieder zurück. Und da liegt er nun, der Petersdom. Ein bewegendes und bewegtes Bild. Die Basilika wird immer größer, Meter für Meter, und immer schöner. Ich bin da. Eine Stille, die ich keinesfalls durchbrechen möchte. Ich stelle den Motor ab. Der Wagen steht nicht gerade ideal, aber es ist ja niemand sonst da. Wenn die Polizei vorbeikommen sollte, werde ich erklären, dass ich keine bösen Absichten habe. Ich zünde mir eine Zigarette an und drehe mich um, um diese fantastische Aussicht zu genießen. Und da war er. Wirklich! Der schwarze Kater. Wir grüßen uns. Ich bleibe stehen, um ihn nicht zu stören. Wir mustern uns eine ganze Weile. Ich mache die Zigarette aus, wende den Blick nur eine halbe Sekunde ab, und … wie durch Zauberei ist er verschwunden. Ich gehe ein paar Schritte, suche ihn, aber der schwarze Kater hat sich in die Nacht aufgelöst. Ich schlendere zum Auto zurück. Ein letzter Blick, dann gucke ich nach oben. Ein einziges erleuchtetes Fenster.

Gute Nacht, schwarzer Kater, gute Nacht, hell erleuchtetes Fenster. Als ich zu Hause bin, mache ich ein paar Notizen in dieses Heft, in dem ich Ideen für Fernsehen und Theater festhalte. Ein paar Worte, mehr nicht. Und dann: »Die Katze des P.« Mehr nicht. Ich schreibe es nicht mal aus. Jahre vergehen, genauer gesagt verfliegen sie. Ich nehme auf dem Heimweg immer noch Straßen, die ich nicht kenne. Und gelegentlich nehme ich das Heft zur Hand und blättere und füge etwas hinzu. Könnte es sein, dass der Kater spricht? Pff. Dann, vor gut einem Jahr, komme ich heim und höre das Telefon klingeln. Ich suche nach dem Schlüssel, und wie es immer so ist: Wenn du einen Schlüssel suchst, ist er garantiert in der allerletzten Tasche. Das Telefon klingelt weiter, wie in *Es war einmal in Amerika*. Endlich der Schlüssel. Das Telefon läutet immer noch.

»Hallo!«

»Das hat aber ganz schön gedauert.« Es ist Angelo Teodoli, vom Fernsehsender RAI.

»Hallo, Herr Direktor. Wie geht es dir?«

»Und dir?«

Wir plaudern ein bisschen, und ich denke schon, dass er sich verwählt hat. Aber weil er schon seit Jahren ein guter Freund ist, macht er eben Konversation, bevor er auflegt.

Aber da habe ich mich getäuscht. Plötzlich, wie ein Boxer, der sein Gewicht verlagert und dann zum Schlag ausholt, kommt es: »Sag mal, hättest du eigentlich nicht eine Geschichte auf Lager, die du für uns erzählen könntest?«

Er hat sich wohl nicht verwählt, eher noch schlimmer.

Aber er besteht darauf: »Ach, komm. So wie ich dich kenne, hast du doch etwas in petto.«

Ich stottere ein wenig vor mich hin, krame in meinen Gedanken: einen anderen Weg wählen, sich ansehen, was um einen herum ist … ein schwarzer Kater, der P., ein Kater, der vielleicht sprechen kann …

Ich traue mich nicht, es auszusprechen, und halte ihn hin: »Angelo, eine Geschichte vielleicht, eher ein Märchen. Möglicherweise, aber ich weiß nicht …«

»Okay«, sagt er. »Wir treffen uns mit unseren Buchleuten. Sie sind gut. Echt stark.«

Noch viel schlimmer: Jetzt muss ich diese unzusammenhängende Geschichte nicht nur ihm erzählen, sondern einem Haufen Intellektueller. Aber nein: Ich kann Angelo Teodoli und Patrizia Cardelli gar nicht genug danken für diese Chance. Und vor allem dafür, dass sie mich diesem Team anvertraut haben: Stefano Panetta, Clara Serretta und Marco Di Marco. Ich weiß, ich müsste ihnen für die intensive und gute Zusammenarbeit danken, aber ich danke ihnen, weil unsere Zusammenkünfte uns ständig auf neue Wege geführt haben. Wir haben alle fünf Minuten die Richtung geändert, fast wäre aus dem schwarzen Kater ein italo-amerikanischer Gangster geworden, der aussah wie De Niro. Clara aber versuchte immer wieder, uns zur Ordnung zu rufen. Der Gong: »Kinder, die Geschichte muss weitergehen« Flavio, komm auf den Punkt!« Ja, Clara. Und nach fünf Minuten: »Aber warum *Wir waren so verliebt*, wenn Gassman doch …«

Der Gong!

Diese tapferen Menschen meinten: »Ach, es wird mir fehlen, um sieben Uhr abends mit euch Kaffee zu trinken!«

Nein, meine Lieben! So leicht werdet ihr mich nicht los.

Ich steige ins Auto, mache mich auf den Weg nach Hause. Und hier möchte ich nun Marco Perrone danken, denn das erste Niesen des Papstes war seine Idee: Es hat eben doch seine Vorteile, wenn man mit einem Genie befreundet ist.

Und was Katzen angeht: ein dickes Dankeschön an Nicoletta Berardi. Habt ihr auch eine Freundin, die eine Hexe ist? Neeeein?! Dann fangt schleunigst an, euch eine zu suchen!

Ganz schön viel Verkehr. Ich werde langsamer und bedanke mich bei Fabrizio Mecarelli. Er hat, um mir zu helfen, die einzelnen Kapitel ausgedruckt (auf die Clara, Stefano und Marco geduldig gewartet haben, um sie zu lesen). Denn: »In puncto Technik bin ich eine Null.« Und als er die Geschichte zum ersten Mal zu Gesicht bekam, sagte er: »Was soll das für eine Geschichte sein?« Ich wollte ihm das Ganze erzählen, aber er zwinkert mir zu: »Nein, nein! Erzähl mir bloß nicht das Ende. Das möchte ich lesen.« Freunde sind so.

Ein Dankeschön auch an den »Boss« Mario d'Amico für unsere abendlichen Plaudereien am Fenster, die für mich eine feste Verabredung waren. Und für sein: »Jetzt gehst du brav nach Hause und ruhst dich aus. Wie läuft es übrigens mit dem Buch?«

Von Herzen danke ich auch dem Bürgermeister, der für jene Ländereien verantwortlich ist, die man der Camorra weggenommen und sozialen Zwecken zugeführt hat; und Michela von der Hilfsorganisation Emergency; und Aboubakar Soumahoro, der sehr viel mehr ist als nur ein Gewerkschafter; und Michele von der Comunità di Sant'Egidio. Denn all die Podiumsdiskussionen, Debatten und großen Worte mögen ja sehr schön sein, aber gehen wir am Ende wirklich auf die Straße und helfen den Leuten? Natürlich tun wir das. Auch wenn die Straße immer bergauf führt, aber mit diesen Menschen ist letztlich doch immer alles ganz einfach und klar: Die Letzten werden die Ersten sein, die Verzweifelten, die Unsichtbaren werden sichtbar, wenn wir uns ändern und hinschauen. Das hängt allein von uns ab.

Noch ein paar Dankeschön, und ich bin zu Hause angekommen.

An Federico, den Lehrer, der mir gezeigt hat, dass jeder Tag mehr wirklich ein Geschenk ist. Aber du musst dieses Geschenk auspacken und darfst es nicht verschwenden. Niemals.

Und an Anna, einen äußerst lieben Menschen, der mich angespornt hat mit der schlichten Frage: »Und wem schade ich hier?«

Die letzte Kurve, dann bin ich daheim. Das Licht ist an. Adriana ist schon zu Hause. Vielleicht spielt sie ja mit Minni und Lola, unseren beiden Hunden, die mich immer noch mögen, obwohl ich einen Kater zum Helden meiner Geschichte auserwählt habe. Ich gehe noch nicht rein. Eine Zigarette noch, ich betrachte die hell erleuchteten Fenster. Und ich danke Adriana noch einmal, weil sie ein relativ langweiliges Haus in eine farbenfrohe Zuflucht verwandelt hat. Auch wenn die Farben verlöschen, wenn sie es der Arbeit wegen verlassen muss. Aber wir wissen beide, dass die Zuflucht immer da ist und auf sie wartet. Ich betrete das Haus und muss sie jetzt peinlich berührt fragen: »Kannst du dir vielleicht das Märchen anhören, das ich geschrieben habe? Ich bin auch nicht beleidigt, wenn du dabei einschlafen solltest.« Sie lacht und sagt etwas wie: »Pass auf, dass du beim Vorlesen nicht einnickst.«

Ich werde euch nicht verraten, wie das Ganze ausging.

Miau!

DER AUTOR

© Danilo D'Auria

Flavio Insinna, geb. 1965, ist Schauspieler und Moderator. Nach einer abwechslungsreichen Karriere in Film, Fernsehen und Theater ist er derzeit eines der beliebtesten Gesichter des italienischen Broadcasters RAI, zu dem auch der Verlag Rai Libri gehört. 2012 erschien seine Autobiografie, 2014 sein Roman *La macchina della felicitá,* der zur Theatershow ausgearbeitet wurde. *Die Katze des Papstes* ist sein drittes Buch.

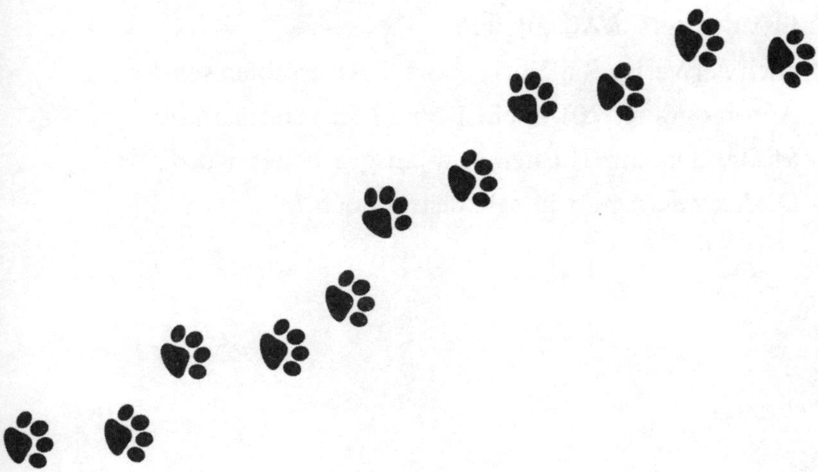

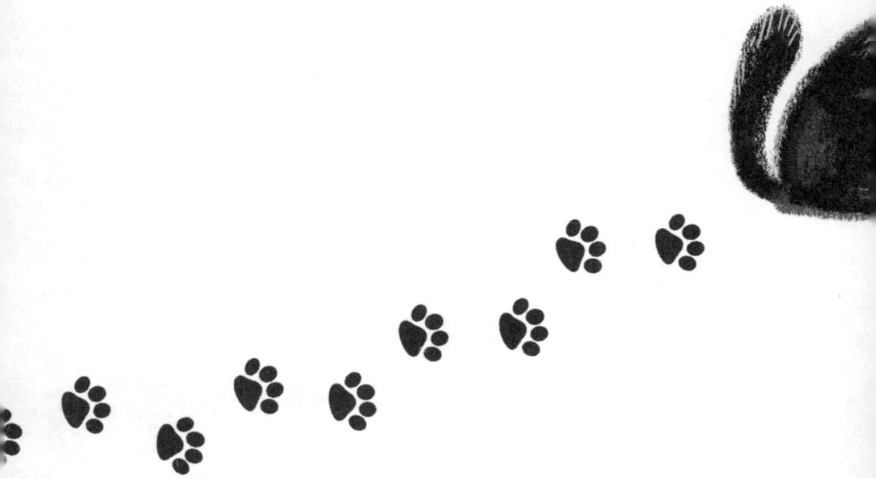